Die Reihe »Spirituelle Wege« präsentiert essentielle Texte aus verschiedenen Zeiten, Kulturen und Religionen. Alle Titel verbindet eine gemeinsame Botschaft: Der Grund unseres Universums ist eine umfassende liebende Kraft, die unser Begriffsvermögen übersteigt und der wir uns daher nur durch partielle spirituelle und geistige Erkenntnisse nähern können.

Die vorliegenden Weisheitsbücher entstammen folgenden Kulturen und Religionen: Taoismus, Konfuzianismus, Hinduismus, Buddhismus, Christentum, Judentum und Islam. Als Klassiker der Spiritualität sprechen die Bände dieser Reihe unseren Geist, unsere Seele und unseren Körper an. Gerade wenn wir uns im Grenzbereich zwischen Körper und Geist bewegen, stellen wir fest, daß Materie und Geist keine Gegensätze sind, sondern verschiedene Ausdrucksebenen *einer* Kraft.

Mit dieser Pocketreihe wünschen wir Ihnen gute Reise auf *Ihrem* Weg.

SPIRITUELLE WEGE

Herausgegeben
von Gerhard Riemann

Thomas Cleary
(Hrsg.)

# Sexualität, Gesundheit und Lebensweisheit

Taoistische Lehren

Aus dem Amerikanischen
von Peter Kobbe

Knaur®

Dieses Buch wurde auf chlor- und säurefreiem Papier gedruckt.

Deutsche Erstausgabe September 1996

Titel der amerikanischen Originalausgabe
»Sex, Health and Long Life«

Originalverlag Shambhala, Boston & London
Umschlaggestaltung Graupner & Partner, München
Umschlagabbildung Claus Hausmann, München
Satz Ventura Publisher im Verlag
Druck Himmer, Augsburg
Bindung AIB, Augsburg
Printed in Germany
ISBN 3-426-86128-3

2 4 5 3 1

# Inhalt

# Vorwort

In einer alten taoistischen Schrift heißt es: »Der Körper besteht aus Lebenskraft, Energie und Geist.« In der taoistischen Lehre von der Gesundheit werden Lebenskraft, Energie und Geist als die »Drei Schätze« bezeichnet, und ihre sorgsame Beachtung und Pflege gilt als die Grundvoraussetzung für Gesundheit, Glück und langes Leben.
Vereinfacht ausgedrückt, können wir Lebenskraft mit Sexualität gleichsetzen, Energie mit körperlicher Stärke und Geist mit Intelligenz. Die taoistische Alchimie des Wohlbefindens ist die Kunst, diese drei Elemente dergestalt zu verbinden, daß die Vorteile des natürlichen Potentials bis zum Höchstmaß gesteigert und Trieb, Gefühl und Vernunft in Einklang gebracht werden.
Innerhalb des breiten Spektrums taoistischer

Traditionen, die sich auf mannigfaltigste Interessengebiete und Studien erstrecken, findet sich die sogenannte Huang-Lao-Schule als eine der frühesten Bewegungen, die den bewußten, übungsmäßigen Vollzug des engen Zusammenhangs zwischen physischem und geistigem Wohlbefinden programmatisch hervorheben.

Der Name dieser Schule leitet sich einerseits von Huang-ti her, dem legendären Gelben Kaiser aus der späten Mitte des dritten vorchristlichen Jahrtausends, auf den ein Großteil der tradierten Gesundheits- und Sexuallehren zurückgeführt wird, und andererseits von Lao-tzu, dem »Alten Meister«, dem legendären Autor des als *Te-tao-ching* bekannten Werkes, das später als *Tao-te-ching*[1]* umgestaltet wurde.

Neuere archäologische Funde in China haben bislang unbekannte Texte aus dieser Tradition ans Licht befördert, die hier zum Teil erstmals übersetzt sind; sie machen den um-

* Die Ziffern bezeichnen die Anmerkungen zur deutschen Übersetzung (im Anhang S.185).

fassenden Horizont der Huang-Lao-Auffassung von physischer und geistiger Hygiene deutlich.

Die fünf Texte dieser Übersetzung waren Bestandteil der berühmten Ma-wang-tui-Funde von 1973/74. Die ersten drei, *Zehn Fragen*, *Vereinigen von Yin und Yang* und *Gespräch über das höchste welterhaltende Leitprinzip*, befassen sich speziell mit physischer Gesundheit und tradierter Sexuallehre; Ernährung, Übung, Schlaf und Liebestechniken sind ihr Thema. Die letzten beiden, betitelt als *Unterweisungen in der Wirkkraft* und *Unterweisungen im leitenden Prinzip*, konzentrieren sich auf die psychologischen Faktoren von guter Gesundheit und Wohlbefinden, insbesondere auf den Abbau von Streß und die Pflege förderlicher sozialer Beziehungen.

*Zehn Fragen* entfaltet in Form von Fragen und Antworten zwischen legendären Herrschern und Anhängern des Taoismus allgemeine Richtlinien tradierter Gesundheitslehre. Zu diesen zählen verlängerter Geschlechtsverkehr und Kontrolle der Ejakulation, Übungen achtsamen Atmens, Optimierung der Nahrung durch bestimmte Produkte, etwa Milch, Eier, Nüsse, Lauch und Gewürze, ausreichender Schlaf und maßvolles Trinken von Wein.

*Vereinigen von Yin und Yang* widmet sich Sexualtechniken und den gesundheitlichen Vorteilen glückserfüllten Verkehrs. Mit besonderem Nachdruck wird die Bedeutung von Gemütsverfassung, einfühlsamem Vorspiel, gründlicher Erregung und vollständiger Befriedigung der Frau hervorgehoben. Die Kontrolle der Ejakulation des Mannes wird zwar für wesentlich gehalten, aber die forcierten Methoden, die später zu diesem Zweck von taoistischen Sexologen ersonnen wurden, kommen in diesem Text nicht zur Darstellung; er setzt vielmehr einen allgemeineren Ansatz voraus, dem es vornehmlich um das Kultivieren von Aufmerksamkeit, Behutsamkeit und einer rücksichtsvollen Steuerung des Ablaufs zu tun ist.

*Gespräch über das höchste welterhaltende Leitprinzip*[2] setzt sich detaillierter mit dem Verhältnis von Sex und Gesundheit auseinander. Wieder liegt die Betonung auf physischer und geistiger Energiesteigerung durch mehrere vollständige Liebesakte, bei denen es zu keiner Ejakulation des Mannes kommt. Zahlreiche aufeinanderfolgende Phasen physischer und geistiger Glückserfüllung werden nach ihren Merkmalen unterschieden und beschrieben; und nach einer umrißhaften Skizzierung der intakten und der gestörten Sexualfunktion werden Techniken, Methoden und Varianten des Geschlechtsverkehrs kurz zusammengefaßt.

Die mit *Unterweisungen in der Wirkkraft (Te-ching)*[3] und *Unterweisungen im leitenden Prinzip (Tao-ching)*[4] betitelten Texte bilden, unter der zusammenfassenden Bezeichnung *Unterweisungen in der Wirkkraft und im leitenden Prinzip (Te-tao-ching)*, ein zusammengehöriges Ganzes. Dabei handelt es sich um eine lang verschollene Version des berühmten *Tao-te-ching*[5]; beide Fassungen sind Interpretationen eines noch älteren tradierten Wissens. Aber die Version des *Te-tao-ching* ist realistischer als die vergleichsweise abstrakten und mystischen Interpretationen uralter Wissensüberlieferung im *Tao-te-ching.*

Das *Te-tao-ching* befaßt sich mit dem Thema Gesundheit und langes Leben auf seine eigene Art: Es zeigt eine radikale Entlastung von schädlichem Streß auf, der von bestimmten Geistesverfassungen wie etwa zwanghafter Angst, Paranoia oder Aggression herrührt. Grundstimmungen von Gelassenheit, Fröhlichkeit, Mitgefühl und Ungebundenheit werden sowohl zum direkten als auch zum indirekten Nutzen verordnet, da sie das individuelle Wohlbefinden ebenso wie zwischenmenschliche und berufliche Verhältnisse verbessern. Beide Teile dieses ehrwürdigen Textes skizzieren Geisteshaltungen und kontemplative Übungen, die der Beseitigung negativer, ja krankhafter Gefühlszustände dienlich sind, und legen die Entwicklung positiver therapeutischer Gefühlszustände dar.

*Thomas Cleary*

# ZEHN FRAGEN

I

Der Gelbe Kaiser befragte einen himmlischen Lehrer: »Wie funktionieren die Lebewesen? Wie wachsen Pflanzen und Bäume? Wie kommen Sonne und Mond zu ihrem Leuchten?«

Der himmlische Lehrer sagte: »Studiere die Grundbedingungen des Firmaments. Yin und Yang sind die Ordnungsnormen[6]; wenn die Lebewesen dies verlieren, vermehren sie sich nicht, aber wenn sie es haben, gedeihen sie. Nimm das Yin auf, um das Yang zu festigen, und du erreichst Geistesklarheit.

Das Yin nimmst du dadurch auf, daß du deine inneren Organe kräftigst und deine Stoffwechselfunktionen stärkst; somit kann die Energie dem Körper nicht entweichen. Wenn man das Yin in sich aufnimmt, ist es wichtig, innerlich ruhig und doch sexuell erregt zu sein. Umarme auf dem Höhepunkt des Erregtseins, dringe wiederholt ein, ohne zu ejakulieren –, und die sexuelle Erregung

wächst, mit Stöhnen und Seufzern wird sie erwidert.
Mache tiefe Atemzüge, nicht mehr als fünf, atme dabei durch den Mund, und nimm die Energie ins Herz hinein, so daß sie die Glieder erfüllt, woraufhin reiner Speichel erzeugt wird. Schlucke diesen hinunter, nicht mehr als fünfmal, vergewissere dich, daß sein Geschmack süß ist; lenke ihn dabei zu den inneren Organen, und der Körper wird schnell passiv werden.
Treibe die Energie in dein Fleisch und deine Haut, auch in deine Haarspitzen, und deine Poren und Kreislaufbahnen werden sich öffnen. Die Sexualflüssigkeit ist dann vorhanden; sie bewirkt, daß die männliche Erektion sich festigt, ohne zu erschlaffen.
Iß und trink, um dem Körper zu genügen.
Dies nennt man die Methode der Wiederherstellung dessen, was erschöpft wurde; sie führt zur Geistesklarheit.«
Dies ist die Methode, mit der ein himmlischer Lehrer die Energie des Geistes aufnimmt.

## 2

Der Gelbe Kaiser befragte Ta-ch'eng: »Welcher Mangel bewirkt, daß die Gesichtshaut der Menschen derb und dunkel, matt und fahl wird? Welches Mittel gibt es für die Menschen, das den Teint schön, rein und strahlend machen kann?«

Ta-ch'eng antwortete: »Wenn du eine reine Haut haben willst, dann sieh dir die Raupe an. Die Art, wie die Raupe frißt, hängt unmittelbar mit Yin und Yang zusammen; wenn sie Grünes frißt, wird sie grün, und wenn sie Gelbes frißt, wird sie gelb. Deine Kost ist es, die die Farben ändert.

Du mußt regelmäßig und gezielt das Yin essen; füge Zirbelnüsse hinzu, die sind ausgezeichnet; und trinke die Milch von laufenden Tieren. Dann kannst du das Alter abwehren, die Stärke wiederherstellen und vor Lebenskraft sprühen.

Vollziehe häufig Geschlechtsverkehr. Iß von fliegenden Vögeln, etwa Spatzeneier und

Hähne. Hähne enthalten männliche Hormone; wenn du dies verzehrst, wird dein ›Jadezepter‹ sich wieder erheben. Im aufgerichteten Zustand ist seine Stärke ausreichend und bereit für die ›Jadeöffnung‹; beginne den Verkehr, sobald du völlig erregt bist.
Hilf nach mit Spatzeneiern; bekommst du jedoch keine genügend starke Erektion, dann gib die Eier in Weizenschleimsuppe oder Malz. Ißt du dies, dann kannst du die Impotenz loswerden.«
Dergestalt also wird nach Ta-ch'eng Impotenz kuriert: indem man die Lebenskraft von Vögeln in sich aufnimmt.

3

Der Gelbe Kaiser fragte Ts'ao Ao: »Was fehlt, wenn die Menschen sterben? Was befähigt sie zum Leben?«

Ts'ao Ao antwortete: »Die Paarung von Frau und Mann und die Aneignung dieser Lebenskraft.

Wenn du Geschlechtsverkehr hast, vollziehe ihn mit sanften Körperbewegungen. Wenn du den Leib der Frau erregen und sie dazu bringen kannst, zu keuchen, kichern, seufzen, stöhnen und aufzuschreien, dann ejakulierst du ganz zum Schluß in sie. Wer erschöpft ist, kann auf diese Weise neu belebt werden; wer robust ist, kann auf diese Weise befähigt werden, seine Lebenskraft auszudehnen; und wer alt ist, kann auf diese Weise befähigt werden, sein Leben zu verlängern.

Um das Leben zu verlängern, muß man die Unterbindung des Samenflusses überwachen. Wenn der Samen zur rechten Zeit weggeschlossen und gespeichert wird, stellt sich

Geistesklarheit ein und steigert sich; und wenn sie sich steigert, wird sie unvermeidlich offenkundig. Den Samen wegzuschließen, um die Lebenskraft zu stabilisieren, sorgt dafür, daß der Vorrat an Sexualflüssigkeit nie verbraucht wird. Dann suchen Krankheiten dich nicht heim, also kannst du lange leben.
Die Methode, eine Frau zu umarmen, erfordert eine friedliche Gelassenheit des Herzens, so beruhigen der Körper und die Grundstimmung sich gegenseitig.
Demgemäß heißt es: Umarme einmal, ohne zu ejakulieren, und deine Augen und Ohren werden klar sein; umarme zweimal, ohne zu ejakulieren, und deine Stimme wird klar sein. Umarme dreimal, ohne zu ejakulieren, und deine Haut wird erstrahlen; umarme viermal, ohne zu ejakulieren, und dein Rücken und deine Seiten werden für Verletzungen nicht anfällig sein. Umarme fünfmal, ohne zu ejakulieren, und dein Gesäßmuskel und deine Schenkel werden stark und kräftig sein; umarme sechsmal, ohne zu ejakulieren, und deine ganze Energie wird frei in allen Bahnen strömen. Umarme siebenmal, ohne zu ejaku-

lieren, und du wirst keinesfalls vorzeitig sterben; umarme achtmal, ohne zu ejakulieren, und du kannst dich eines langen Lebens erfreuen. Umarme neunmal, ohne zu ejakulieren, und du kannst Geistesklarheit erlangen.« Dies ist Ts'ao Aos Methode, Frauen zu umarmen, um spirituelle Energie herauszubilden.

## 4

Der Gelbe Kaiser fragte Rong Ch'eng: »Wenn sich die Menschen im Anfang der Fortpflanzung befinden und gerade Gestalt annehmen – was ist ihnen eigen, das sie befähigt zu leben? Und wenn sie einmal physische Gestalt angenommen haben – welcher Verlust läßt sie sterben? In welchem Zeitalter kam die Menschheit dahin, Neigungen und Abneigungen, einen frühen Tod oder ein langes Leben zu haben? Ich würde gern die Gründe erfahren, weshalb die Energie der Menschen sich ausweitet und zusammenzieht, sich lockert und strafft.«

Rong Ch'eng antwortete: »Willst du lange Zeit leben, dann prüfe aufmerksam die Eigenheiten von Himmel und Erde. Die Energie des Himmels wird monatlich aufgezehrt und monatlich nachgefüllt; demzufolge kann er lange leben. Die Energie der Erde hat jedes Jahr kalte und heiße Zeiten sowie einander ergänzende Gebiete; demzufolge kann die

Erde fortdauern, ohne sich aufzulösen. Du mußt die Verhältnisse von Himmel und Erde prüfen, dann setze sie in deinem eigenen Körper in Gang.

Es gibt erkennbare Andeutungen, aber selbst Weise sind außerstande, sie zu begreifen; nur die Meister des *Weges*[7] können um sie wissen. Die Quintessenz von Himmel und Erde entsteht, wo es kein Zeichen gibt, wächst, wo es keine Form gibt, und reift heran, wo es keinen Körper gibt. Wer sie verwirklicht, lebt lange, wem sie entgeht, der stirbt früh.

Wer daher die Energie geschickt reguliert und die Lebenskraft anhäuft, der festigt sie unmerklich. Ist der Brunnen des lebenskräftigen Geistes voll, sammelst du süßen Tau zu seiner Festigung: Regelmäßig trinkst du reines Quellwasser und erlesene Weine, befreist dich von schlechtem Verhalten und verbesserst deine Gewohnheiten. Dann wird der Geist im Körper verbleiben.

Das Verfahren, Energie zu sammeln, besteht darin, daß man diese dazu bringt, die Gliedmaßen zu erreichen, so daß die Lebenskraft sich uneingeschränkt erhebt. Wenn

Ober- und Unterkörper gleicherweise vitalisiert sind, wie könnten dann Erkältungen oder fiebrige Erkrankungen auftreten? Der Atem sollte tief und lang sein, so daß frische Energie sich mühelos bewahren läßt.

Schale Energie trägt zum Altern bei, frische Energie trägt zur Langlebigkeit bei. Wer daher im Regulieren seiner Energie geschickt ist, sorgt dafür, daß schale Energie sich allnächtlich verflüchtigt, und häuft jeweils am Morgen frische Energie an, um dadurch die Körperöffnungen frei zu machen und die inneren Organe wieder aufzufüllen.

Es gibt Verbote bei der Energieaufnahme. Meide im Frühling warme, verunreinigte Dünste. Meide im Sommer heiße, feuchte Luft. Meide im Herbst frostigen Nebel. Meide im Winter extreme Kälte. Meide diese vier Widrigkeiten, und tiefes Atmen wird zur Langlebigkeit beitragen.

Beim morgendlichen Atmen sollte man darauf achten, daß die Ausatmung sich der Natur angleicht, während die Einatmung die Lungen füllt, als ob sie in einem tiefen Abgrund gespeichert würde. Dann wird alte

Energie täglich aufgebraucht und neue Energie täglich wiedergewonnen. Dann wird der physische Leib strahlend und leuchtend sein, strotzend vor Lebenskraft, und somit fähig, lange zu leben.
Beim Atmen am Tage sollte man darauf achten, daß die Ausatmung und Einatmung sanft erfolgen, das Gehör und der Blick klar sind und man von einer sehr subtilen Grundstimmung der Freude durchdrungen ist, die keine innere Entartung zuläßt; dann stirbt der Körper nicht verfrüht an Krankheit.
Beim Atmen in der Nacht sollte man darauf achten, daß die Atemzüge tief, lang und gleichmäßig erfolgen und damit eine nachhaltige Dämpfung des Gehörs bewirken; dann kann man friedlich schlafen. Die hohen und niederen Seelen ruhen im Körper, darum kann man lange leben.
Was das mitternächtliche Atmen betrifft, so wechsle nicht die Schlafstellung, selbst wenn du aufwachst; atme tief und gleichmäßig, ohne Heftigkeit, indem du dir lange Atemzüge zur Regel machst; dadurch werden die inneren Organe alle belebt.

Wenn du den Geist dazu bringen willst, lange zu leben, mußt du mit dem Gewebe der Haut atmen. Das Verfahren, die Energie zu regulieren, besteht darin, das Schale auszuscheiden und das Frische in sich aufzunehmen, indem man voller Wohlbehagen das Gute genießt und den Körper damit füllt. Dies nennt man Anhäufen der Lebenskraft.

Es gibt Richtlinien für die Regulierung der Energie. Die Aufgabe besteht darin, die Lebenskraft zu festigen; wenn die Lebenskraft bis zum Überfließen voll ist, wird sie zwangsläufig ausgestoßen, und wenn die Lebenskraft ejakuliert worden ist, muß sie ergänzt werden. Die Ergänzung des Ejakulats erfolgt während der Bettruhe.

Würzige Weine und Speisen sind für die Energiesteuerung nützlich.

Die Augen werden glänzend, das Gehör wird fein, die Haut wird strahlend, die Energiebahnen füllen sich an; die Sexualkraft erhebt sich und verleiht einem ein lang anhaltendes Stehvermögen und die Fähigkeit, über große Entfernungen zu reisen, und versetzt einen demgemäß in die Lage, lange zu leben.«

5

Yao fragte Shun: »Was ist in der Welt am wertvollsten?«
Shun antwortete: »Das Leben ist am wertvollsten.«
Yao fragte: »Wie meistert man das Leben?«
Shun antwortete: »Durch genaue Prüfung und umfassendes Verständnis von Yin und Yang.«
Yao fragte: »Menschliche Wesen haben neun Öffnungen und zwölf Hauptgelenke, die alle unverrückbar an ihrem Platz sitzen; wie kommt es, daß die Geschlechtsorgane da sind, wenn die Menschen geboren werden, aber ihre Funktion verlieren, bevor der Körper stirbt?«
Shun antwortete: »Sie werden zum Essen und Trinken nicht benötigt und ebensowenig zum Pläneschmieden und Denken verwendet. Wir vermeiden ihre Namen, und die Organe selbst verbergen wir. Sie werden sehr häufig benutzt – ohne Entspannung oder

Mäßigung; aus diesem Grunde werden sie mit dem Körper geboren, ›sterben‹ aber, bevor der Körper stirbt.«
Yao fragte: »Wie meistern wir sie?«
Shun antwortete: »Durch Bedachtsamkeit, Erziehung, Rücksichtnahme und Ernährung; indem wir die Erektion stark entwickeln und uns doch auf gemächliche und entspannte Weise an den Akt machen, uns nicht übereilen, wenn wir voller Begierde sind, nicht auf dem Höhepunkt der Lust ejakulieren. Die Lebenskraft wird sich festigen, die Energie wird gespeichert werden, und selbst wenn man im Leben die Hundert erreicht, wird man gesünder sein denn je.«
Dies ist Shuns Methode, die Energie mit Hilfe des Geschlechtsverkehrs zu beherrschen.

6

Wang Tzu-Ch'iao fragte P'eng-tsu: »Was ist das wahre Wesen menschlicher Energie?«
P'eng-tsu antwortete: »Keine menschliche Energie ist wesentlicher als die Geschlechtsenergie. Sobald die Geschlechtsenergie unterdrückt wird, erkranken die hundert Bahnen; wenn die Geschlechtsenergie unentwickelt ist, ist es unmöglich, sich fortzupflanzen. Daher ist Langlebigkeit zur Gänze eine Sache der Geschlechtsenergie.
Die Erhaltung der Geschlechtsenergie geht mit ihrer Herausbildung Hand in Hand. Deswegen entdeckten Meister des *Weges* Übungen, wie etwa das Hinabstrecken der Hände, das Massieren der Arme und das Reiben des Bauchs, um Yin und Yang zu folgen. Atme zunächst schale Energie aus, sammle dann Energie für die Genitalien, indem du sie in das Geschlechtsorgan hineinatmest und das Zeugungsorgan nährst, es hegst und pflegst wie einen Säugling.

Wenn dieser Säugling sich kraftvoll und zu wiederholten Malen aufrichtet, dann achte darauf, spontanen Geschlechtsverkehr zu vermeiden, um so einen tadellosen Körper zu entwickeln. Wie sollte es zu Krankheit kommen, wenn die inneren Organe stabil sind?
Bei jenen, die an chronischen Erkrankungen leiden, finden sich immer ein Aussickern sexueller Lebenskraft, eine Stauung der Energiebahnen und innerliche Labilität. Sie begreifen den *Großen Weg*[8] nicht, deshalb verläßt sie die Lebensenergie.
Durchschnittsmenschen – in Unwissenheit geboren – vertrauen auf schamanistische Heiler. Mit siebzig Jahren sind sie dann vornübergebeugt; sie beklagen sich über ihre Schwierigkeiten und bringen sich um. Wie bedauerlich!
Worin liegen Tod und Leben begründet? Eingeweihte beherrschen sie, indem sie den Unterkörper füllen, die Lebenskraft eindämmen, so daß keine Energie ausströmt. Wer könnte irgendeinen Verlust bewirken, wenn das Gemüt Tod und Leben beherrscht? Erhalte sorgsam, unter Vermeidung jeden Ver-

lusts, die Energie, und du kannst das Leben eine Ewigkeit lang ausdehnen und dich dabei eine Ewigkeit an Glück und Langlebigkeit erfreuen.
Langlebigkeit kommt von Speicherung und Ansammlung. Wer voller Leben ist, studiert den Himmel oben und wendet ihn auf die Erde unten an. Wer dies vermag, entfaltet sich unablässig, und so kann er vom Körper befreit werden. Wer den *Großen Weg* begreift, schwingt sich über die Wolken hinaus empor und steigt auf zu den unsterblichen Bereichen, imstande, so weit zu wandern wie fließendes Wasser und so hoch wie ein fliegender Drache, und dies überaus geschwind, ohne zu ermüden …
Wu Ch'eng-chao machte die vier Jahreszeiten zu seinen Helfern und Himmel und Erde zu seinen konstanten Größen. Wu Ch'eng-chao lebte in Übereinstimmung mit Yin und Yang; Yin und Yang sterben nicht, und Wu Ch'eng-chao war ihnen ebenbürtig. So verhält es sich mit jenen, die den *Weg* erlangt haben.«

7

Kaiser P'An Keng fragte einen uralten Mann: »Ich habe gehört, daß du den sexuellen Kontakt für die Stärke verwendest und die Lebenskraft der Natur für ein langes Leben sammelst. Was sollte ich tun, um es zu ermöglichen, den *Weg* zu praktizieren?«

Der Alte antwortete: »Du solltest das hochschätzen, was sich mit dem Körper bei der Geburt einstellt, aber vor dem Körper altert. Dies wird die Schwachen stärken, das Leben der Kurzlebigen verlängern und den Armen dazu verhelfen, Nahrung in Hülle und Fülle zu haben.

Der Akt besteht aus abwechselndem Leeren und Nachfüllen. Es gibt Regeln, um dies zu meistern. Die erste beinhaltet das Strecken der Glieder, das Geraderichten des Rückens und das Runden des Gesäßes. Die zweite beinhaltet das Lockern der Schenkel, das Bewegen der Genitalien und das Zusammenziehen des Afters. Die dritte beinhaltet das

Schließen der Augen und das Nicht-Hören, das Sammeln der Energie, um das Hirn damit zu füllen. Die vierte beinhaltet das Speichelschlucken und Milchtrinken. Die fünfte beinhaltet das Ansteigen aller Lebenskräfte, die sich zu einer großen leuchtenden Klarheit ballen. Hör auf, sobald du die fünfte erreichst, und dein Lebensgeist wird Tag für Tag glücklicher werden.«
Dies ist die Methode eines uralten Mannes, Geistesenergie durch sexuellen Kontakt in sich aufzunehmen.

8

Yü fragte Shih Kui: »Ich habe das Erkennungsvermögen meiner Ohren und Augen geläutert, um das Land zu beherrschen. Indem ich oben die überfluteten Landstriche befriedete und unten dem Langen Fluß zum Berg der Rechenschaften folgte, brachte ich zehn Jahre mit dem Bändigen der Gewässer hin. Jetzt sind meine Glieder unbrauchbar, und mein Familienleben liegt im argen. Auf welche Weise sollte ich mich nun darum kümmern?«

Shih Kui antwortete: »Der Aufbau der Herrschaft beginnt stets bei einem selbst. Wenn Blut und Energie nicht so zirkulieren, wie sie sollten, dann nennt man dies krankhafte Blockierung, und die ist die Wurzel von sechs besonders schweren Gebrechen.

Das kontinuierliche Strömen von Blut und Energie, das harmonische Zusammenspiel der Muskeln und Gefäße dürfen nicht vernachlässigt werden. Laß das Hirn sich entspannen, iß eine abwechslungsreiche Kost; benutze Intelligenz zur Orientierung, benutze Arbeit zur Übung. Ohne Nahrung kann man keinesfalls den Magen füllen und die physische Gestalt entwickeln. Ohne Intelligenz kann man keinesfalls feststellen, ob man inwendig leer oder voll ist. Ohne Arbeit kann man keinesfalls die Glieder üben, um deren Gebrechen loszuwerden.

Zieh also, wenn du schlafen gehst, deine Energie in deine Genitalien; dies nennt man Üben der Sehnen. Streck dich und krümme dich, daß die Gelenke knacken; dies wird Üben der Knochen genannt. Laß deine Handlungen und Pflichten angemessen sein, und die Lebenskraft wird wie eine Quelle heraussprudeln. In welchem Alter sollte dieses Verfahren nicht wirken?«

Yü verlegte sich nun aufs Milchtrinken und erfreute sein Weib, und so kehrte wieder Friede in sein Familienleben ein.

Dies ist Shih Kuis Verfahren, Geist und Energie zu lenken.

## 9

Wen Chih besuchte König Wei von Ch'i. König Wei befragte ihn folgendermaßen über den *Weg:* »Ich habe gehört, daß Ihr im *Weg* bewandert seid. Da ich bereits Staatsoberhaupt bin, habe ich keine Zeit, mir alles damit Zusammenhängende anzuhören; ich möchte nur ein oder zwei Worte über das Wesentliche des *Weges* erfahren.«
Wen Chih antwortete: »Ich habe dreihundert Traktate über den *Weg* verfaßt, und Schlafen steht an allererster Stelle.«
König Wei fragte: »Erläutert mir dies. Was sollte ich zur Schlafenszeit essen?«
Wen Chih antwortete: »Feinen Wein und Lauch.«
König Wei fragte: »Weshalb empfehlt Ihr Lauch?«
Wen Chih antwortete: »Als unsere Vorfahren Ackerbau betrieben, hielten sie den Lauch für das einzige mehrjährige Kraut, und sie stuften ihn als ebensolches ein. Die Lauch-

pflanzen empfangen frühzeitig die Himmelsenergie (das Yang), und sie empfangen zur Gänze die Erdenergie (das Yin). Wenn daher schwächliche und furchtsame Menschen Lauch essen, werden sie kräftig sein; wenn Menschen ihn essen, deren Augen nicht gut sehen, werden sie einen scharfen Gesichtssinn haben. Wenn Menschen ihn essen, deren Ohren nicht gut hören, werden sie ein scharfes Gehör haben. Wenn Ihr sie in den drei Frühlingsmonaten eßt, wird keine Krankheit entstehen, und Eure Sehnen und Knochen werden an Stärke zunehmen. Darum nennt man den Lauch den König der Kräuter.«

König Wei sagte: »Vortrefflich. Und weshalb empfehlt Ihr Wein?«

Wen Chih antwortete: »Wein ist die Lebensenergie der fünf Kornarten. Wenn er in den Magen gelangt, verteilt er sich über das gesamte Kreislaufsystem und dringt dabei in das Körpergefüge ein und durchzieht es. Er stößt tief in den Organismus vor, ohne es erforderlich zu machen, daß man sich hinlegt und schläft. Daher ist er eine Trägersubstanz für hundert Arzneien.«

König Wei sagte: »Vortrefflich. Aber da ist etwas, bei dem es sich nicht so verhält, wie Ihr gesagt habt. Man gibt Menschen, die im Frühling an Ruhr leiden, zwar Lauch, aber weshalb gibt man ihnen Eier statt Wein?«

Wen Chih antwortete: »Das reicht auch aus. Hähnchen sind Yang-Tiere; klar ertönt ihr Ruf bei Tagesanbruch, und dabei strecken sie den Hals und breiten die Flügel aus. Während der drei Sommermonate führen Hähnchen und Lauchpflanzen gleicherweise positive (Yang-)Energie zu; aus diesem Grunde essen die Taoisten sie.«

König Wei sagte: »Vortrefflich. Und weshalb empfehlt Ihr den Schlaf?«

Wen Chih antwortete: »Der Schlaf ist nicht nur eine menschliche Aktivität. Alle Vögel, Reptilien, Fische, Lurche und Insekten brauchen Nahrung, um zu leben, und die Nahrung braucht den Schlaf, um zu wirken. Der Schlaf ermöglicht es, daß die Nahrung verdaut wird, und zerlegt Arzneien in feinste Teile, damit sie durch den Körper zirkulieren können.

Der Schlaf ist für die Nahrung, was das Feuer für das Gold ist. Wenn Ihr daher eine einzige Nacht nicht schlaft, werdet Ihr Euch über hundert Tage lang nicht erholen. Wird die Nahrung nicht verdaut, dann wird es so sein, als ob Ihr eine Kugel in Eurem Darm hättet. Das verursacht Lustlosigkeit und Verstopfung, Entartung und Schwäche. Daher achten Taoisten den Schlaf.«

König Wei sagte: »Vortrefflich. Wenn ich gern jeden Abend bis in die Nacht hinein trinke, werde ich dann nicht krank?«

Wen Chih antwortete: »Das ist unbedenklich. Macht es wie die Vögel und die Vierfüßer: Jene, die früh schlafen gehen, stehen früh auf; jene, die spät schlafen gehen, stehen spät auf. Der Himmel wird hell, die Erde wird dunkel; Taoisten erforschen diese Phänomene und gehen nicht darüber hinaus. Die Nahrungsenergie wird subtil aufgesaugt und sacht in Umlauf gebracht; während der Nacht ... wird die Energie in alle Körperteile gesandt. Wenn alle Körperteile sicher mit Lebenskraft erfüllt sind, seid Ihr innerlich gefestigt und zugleich nach außen friedlich; so bekommt Ihr keine Gefühlsausbrüche oder Tumoren. Dies ist das Vollenden des *Weges.*«

König Wei sagte: »Vortrefflich.«

## 10

Als Wang Ch'i eine Aufwartung bei Hofe machte, befragte ihn König Chao von Ch'in folgendermaßen über den *Weg*: »Ich höre, daß Ihr das Yin um der aktiven Stärke willen in Euch aufnehmt und Energie um der Lebenskraft und Klarheit willen sammelt. Was sollte ich tun, um mein Leben zu verlängern?«
Wang Ch'i antwortete: »Ihr müßt der Sonne und dem Mond das Gesicht zuwenden und ihren lebenssprühenden Schein sammeln. Eßt Pinienkerne und Zirbelnüsse, und trinkt die Milch laufender Tiere. Hierdurch könnt Ihr das Alter abwehren und die Robustheit wiederherstellen, so daß Ihr glüht vor Gesundheit. Vermeidet während der Sommermonate das Feuer; benutzt einen Sonnenspiegel zum Kochen. Dann wird der Sinn hell und verständig sein.
Was die Methode betrifft, den Geschlechtsverkehr zu vollziehen, so dient Ruhe der

Stärke. Macht das Gemüt so ruhig wie Wasser, erhaltet den Geistestau im Innern. Klopft mit dem Jadezepter an die Jadepforte; das Gemüt sei dabei weder zu angespannt noch zu gelockert. Was das Passendste ist, erkennt Ihr an der Reaktion der Frau, an der Art, wie sie seufzt. Sammelt den Geistesnebel, trinkt die Himmelsbrühe, und sendet sie zu den inneren Organen, um sie tief zu speichern. Atmet immer sanft am Morgen, und Eure Energie und Euer Körper werden gefestigt sein …, die Lebenskraft wird stabil und von langem Bestand sein. Der Frieden des Gemüts wird inwendig erlangt, das Höhere und Niedere gedeiht, die inneren Organe sind stabil, die Gesichtshaut ist strahlend. Das Leben dauert so lange wie Sonne und Mond, und Ihr werdet eine Blüte des Himmels und der Erde.«

König Chao sagte: »Vortrefflich.«

# VEREINIGEN VON YIN UND YANG

I

Im großen und ganzen gestaltet sich die Methode, den Geschlechtsverkehr einzuleiten, wie folgt. Beginne nach anfänglichem Händehalten mit dem Streicheln: von den Handgelenken ausgehend, die Arme entlang bis hinauf zu den Achselhöhlen, dann hinauf zu den Schultern und zur Halsregion. Streichle rund um den Hals, dann zur Höhlung des Schlüsselbeins herunter, über die Brustwarzen, über den Bauch und zu den Rippen. Bei der Vulva anlangend, massiere die Klitoris. Sauge Energie ein, um den Geist mit Lebenskraft zu erfüllen, und du kannst für immer sehen und so lange fortbestehen wie das All. Die Klitoris ist das Gefäß des Verkehrs im Innern der Vulva; streichle sie von unten nach oben, und versetze dadurch den ganzen Körper in lustvolle Erregung und die Gefühle in freudiges Entzücken. Vollziehe den Akt noch nicht, auch wenn du es möchtest; umarme und küsse, um dich

aufzulockern und Vergnügen zu empfinden.
Die Methode, zu spielen, gestaltet sich wie folgt: Erstens: Wenn die Energie ansteigt und das Gesicht heiß wird, dann atmet langsam aus. Zweitens: Wenn die Brustwarzen der Frau sich aufrichten und ihre Nase zu laufen beginnt, dann umarmt euch langsam. Drittens: Wenn eure Zungen feucht und schlüpfrig sind, dann tauscht langsame Zungenküsse. Viertens: Wenn die Schenkel der Frau von ihren Sekreten naß sind, dann bewegt euch langsam. Fünftens: Wenn ihre Kehle trocken wird und sie ständig Speichel schluckt, dann schaukelt langsam hin und her. Das sind die sogenannten fünf Zeichen der Begierde.
Wenn die fünf Zeichen alle vorhanden sind, dann besteige die Frau und penetriere sie, dringe aber nicht bis zur Gänze ein, um so die Energie aufkommen zu lassen. Penetriere die Frau tief, sobald sich die Energie dann einstellt, und schiebe dich nach oben in sie, um so die Hitze zu zerstreuen. Bewege dich, ohne die Energie abbrechen zu lassen, wie-

derholt auf und nieder, und die Frau wird einen großen Höhepunkt erreichen.

Vollführe danach zehn Bewegungssequenzen, fahre mit den zehn Verkehrsvarianten fort, und mische die zehn Penetrierungsweisen. Wenn der Geschlechtsverkehr endet, dann konzentriere die Energie in den Genitalien; behalte daraufhin die acht Bewegungen im Auge, horche auf die fünf Geräusche, und beobachte die zehn Zeichen der Vollendung.

2

Zehn Bewegungssequenzen, das bedeutet zehn mal zehn Stöße: erst zehn, dann zwanzig, dann dreißig, vierzig, fünfzig, sechzig, siebzig, achtzig, neunzig, einhundert. Zieh dich zurück und penetriere, ohne zu ejakulieren. Führe eine Sequenz durch, ohne zu ejakulieren, und deine Augen und Ohren werden scharf sein. Zwei Sequenzen, und deine Stimme wird klar sein. Drei, und deine Haut wird strahlend sein. Vier, und dein Rücken und deine Seiten werden gestärkt. Fünf, und dein Gesäß und deine Schenkel kommen in Form. Sechs, und deine Harnwege werden rein sein. Sieben, und deine Erektion wird äußerst fest und stark sein. Acht, und deine Haut wird glühen. Neun, und du hast teil an einer spirituellen Glut. Zehn Sequenzen bewirken, daß der Körper fortdauert.

Die zehn Varianten sind die folgenden. Die erste nennt man den brüllenden Tiger. Die zweite nennt man die klammernde Zikade. Die dritte nennt man die Spannerraupe. Die vierte nennt man den mit dem Geweih tastenden Hirsch. Die fünfte nennt man den sich streckenden Phönix. Die sechste nennt man den kletternden Affen. Die siebte nennt man die Kröte. Die achte nennt man den laufenden Hasen. Die neunte nennt man die Libelle. Die zehnte nennt man den fressenden Fisch.

3

Die zehn Penetrierungsweisen sind die folgenden. Die erste ist das Stimulieren der oberen Partie der weiblichen Genitalien. Die zweite ist das Stimulieren der unteren Partie der Genitalien. Die dritte ist das Stimulieren der linken Seite. Die vierte ist das Stimulieren der rechten Seite. Die fünfte besteht darin, es rasch zu tun. Die sechste besteht darin, es langsam zu tun. Die siebte besteht darin, es mit niedriger Frequenz zu tun. Die achte besteht darin, es mit hoher Frequenz zu tun. Die neunte besteht darin, es oberflächlich zu tun. Die zehnte besteht darin, es tief zu tun.
Die acht Bewegungen sind folgende. Die erste ist das Umfassen, die zweite ist das Recken der Arme, die dritte ist das Ausstrecken der Beine. Die vierte besteht darin, den Partner von der Seite mit den Beinen zu umschlingen, die fünfte ist das Umschlingen dessen, der oben ist, die sechste ist das Ineinanderverschränken der Schenkel. Die siebte ist

das waagerechte Wippen, die achte ist das Vibrieren.
Das Umfassen ist angebracht, wenn du möchtest, daß sich eure Bäuche berühren. Das Recken der Arme geschieht, um den oberen Genitalbereich der Frau zu stimulieren und lange Zeit weiterzumachen. Das Ausstrecken der Beine ist angebracht, wenn die Penetrierung nicht tief genug ist. Die Frau schlingt von der Seite ihre Beine um den Mann, wenn sie die seitliche Stimulierung ihrer Genitalien will; wenn sie die Beine um den über ihr befindlichen Mann schlingt, will sie tiefe Stimulierung. Das Ineinanderverschränken der Schenkel geschieht, wenn die Penetrierung zu tief ist. Das waagerechte Wippen ist angebracht, wenn eine oberflächliche Penetrierung erwünscht ist. Das Vibrieren erfolgt, wenn die Frau will, daß ihr Mann lange Zeit weitermacht.
Rasches Atmen zeigt innerlichen Drang an. Rauhes Atmen zeigt einen Höhepunkt an. Seufzen zeigt an, daß nach der Einführung des Jadezepters die Lust eingesetzt hat.

Schweres Atmen zeigt Ekstase an. Quengeln und gleichzeitiges Beben des Körpers zeigen den Wunsch der Frau an, daß ihr Mann noch länger weitermacht.

4

Abends ist die männliche Lebenskraft stark; morgens hat sich die weibliche Lebenskraft angesammelt. Wenn ein Mann die Lebenskraft der Frau mit seiner eigenen Lebenskraft umhegt, geraten die vorderen Gefäße alle in Erregung, der Energie- und Blutpegel in der Haut steigt; dadurch ist es möglich, aufzuschließen, was verschlossen ist, und Blockierendes auszuräumen; so erhalten die inneren Organe Flüssigkeitszufuhr und werden wieder aufgefüllt.
Die zehn Zeichen der Vollendung sind folgende. Bei der ersten Vollendung tritt Kühle auf. Bei der zweiten Vollendung verbreitet sich ein Geruch wie von verbrannten Knochen. Die dritte Vollendung ist durch Hitze gekennzeichnet. Bei der vierten Vollendung kommt es zu einer ölartigen Absonderung. Bei der fünften Vollendung verbreitet sich ein weizenartiger Duft. Bei der sechsten Vollendung entwickelt sich sehr viel Gleitsub-

stanz, bis hin zum Schlüpfrigwerden. Bei der siebten Vollendung kommt es zur Verlängerung. Bei der achten Vollendung ist die Absonderung der Frau fettartig. Bei der neunten Vollendung ist ihre Absonderung klebrig. Bei der zehnten Vollendung kommt es zur Schwächung; der Schwächung folgt ein Wiederauftreten von Schlüpfrigkeit und von neuerlicher Kühle. Dies nennt man den endgültigen Abschluß.

Zeichen des endgültigen Abschlusses sind folgende. Die Nase der Frau läuft, und ihre Lippen werden bleich; ihre Hände und Füße zittern, ihr Gesäß hebt sich vom Bett hoch. Der Mann sollte jetzt aufhören; es ist schädlich abzuwarten, bis die Erektion zurückgeht. Zu diesem Zeitpunkt ist die Vulva vor Energie geweitet, und der Lebensgeist dringt in die inneren Organe vor, wo er eine unglaubliche Glut erzeugt.

# GESPRÄCH ÜBER DAS HÖCHSTE WELTERHALTENDE LEITPRINZIP[9]

I

Der Gelbe Kaiser fragte den Geist der Linken: »Yin und Yang, die neun Öffnungen des Körpers und die zwölf Hauptverbindungspunkte werden alle gemeinsam geboren, aber nur die Genitalien ›sterben‹ oder büßen als erste ihre Funktion ein. Wie kommt das?«
Der Geist der Linken sagte: »Weil die Genitalien nicht damit beschäftigt sind, Arbeit zu verrichten. Sie wirken nicht bei der Gemütsbewegung mit, sie helfen nicht beim Essen und Trinken; sie befinden sich an ganz versteckter Stelle und werden nicht der Sonne ausgesetzt, sie werden hastig und roh benutzt, sie warten nicht die Reife ab und können beim Verkehr die Reibung nicht durchstehen – daher verschleißen sie frühzeitig. Wir vermeiden ihre Namen und verbergen ihre Teile, wir benutzen sie mehr oder minder ohne jede Zurückhaltung; deshalb werden sie mit dem Körper geboren, büßen aber als erste ihre spezifische Funktion ein.«

2

Wird eine Erektion nicht groß, so besagt dies, daß das Fleisch nicht mit Energie geladen ist. Ist eine Erektion nicht fest, so besagt dies, daß die Muskeln nicht mit Energie geladen sind. Ist sie fest, aber nicht heiß, so besagt dies, daß das Gemüt nicht mit Energie geladen ist. Benutzt du sie, wenn das Fleisch nicht mit Energie geladen ist, dann läßt die Erektion nach. Benutzt du sie, wenn das Gemüt nicht mit Energie geladen ist, dann geht die Erektion zurück. Wenn alle drei mit Energie geladen sind, nennt man das dreifaches Bereitsein.

3

[kein Text]

4

Wie Wasser, geheimnisvoll alles durchdringend, wie die Energien von Frühling und Herbst – da das, was dahin ist, nicht wahrgenommen wird, kann man keinen Nutzen daraus ziehen; da das, was erst noch kommen soll, unsichtbar ist, wenden wir unser Augenmerk dem zu, was sich davon zeigt. Gib acht! Diese Substanz der Geistesglut erwächst aus dem Aufhalten der Ejakulation. Handhabe achtsam die kostbare Sperre, und die Geistesglut wird sich einstellen.
Körperliche Kultivierung erfordert generell die Ansammlung von Lebenskraft. Wenn die Lebenskraft übervoll ist, sollte sie verausgabt werden; und wenn die Lebenskraft fehlt, sollte sie wieder aufgefüllt werden. Das Wieder-

auffüllen verausgabter Lebenskraft wird durchgeführt, wenn die Lebenskraft fehlt.
Setze dich bei dieser Übung mit der Partnerin hin, eure Lenden, Nasen und Münder nah aneinander. Gehst du abrupt ans Werk und kommst überstürzt, dann wirst du nutzlos ejakulieren, und deine Lebenskraft wird vergeudet sein. Wie kann man dies unterbinden? Leeren und Füllen haben reguläre Konstanten; wende sie achtsam an, und vergiß sie nicht. Vermeide übermäßige Ermüdung, vermeide Erschöpfung, und deine Muskeln und Knochen werden stark sein. Schlucke Speichel und schöpfe frische Luft, um weiterzumachen. Atme normalerweise ganz sanft ein und aus, bis du dich angefüllt fühlst. Wenn die Energie dieser drei harmonisch den Höchststand erreicht, sind Festigkeit und Stärke die Folge.
Willst du dies meistern, dann mußt du den Anweisungen sorgsame Beachtung schenken. Indem du den Samenerguß unterbindest, kannst du unglaubliche Langlebigkeit erreichen. Nach einmaliger Unterbindung sind deine Augen und Ohren hell. Ein zwei-

tes Mal, und deine Stimme ist rein. Ein drittes Mal, und deine Haut ist strahlend. Ein viertes Mal, und dein Rückgrat ist gestärkt. Ein fünftes Mal, und dein Gesäß und deine Schenkel kommen in Form. Ein sechstes Mal, und deine Harnwege sind rein. Ein siebtes Mal, und dein Gemüt ist gefestigt und stark. Ein achtes Mal, und du sprühst vor Temperament. Ein neuntes Mal, und du stehst im Einklang mit Himmel und Erde. Das zehnte Mal bringt die unglaubliche Geistesglut hervor.

## 5

Die Energie hat acht Pluspunkte und sieben Minuspunkte. Bist du nicht imstande, die acht Pluspunkte anzuwenden und die sieben Minuspunkte loszuwerden, dann wird die physische Energie sich um die Hälfte verringert haben, bis du vierzig bist; mit fünfzig werden deine Tätigkeiten abnehmen; mit sechzig werden dein Gehör und dein Gesichtssinn unscharf sein; und mit siebzig wirst du unten verwelkt und oben entkräftet sein, die sexuelle Energie wird nicht funktionieren, Tränen und Schleim werden rinnen. Es gibt eine Methode, die Stärke wiederherzustellen: Beseitige die sieben Minuspunkte, um Gebrechen zu bezwingen; und benutze die acht Pluspunkte, um die Energie zu steigern. So kann dem Altern die Robustheit zurückgegeben werden, während die Robusten Verschlechterung vermeiden können. Kultivierte Menschen führen ein angenehmes, sorgenfreies Leben und essen und trinken, was sie wollen; ihre Haut ist von feiner Beschaffenheit, ihre Energie und ihr Blut strotzen, ihre Körper sind ohne weiteres beweglich. Wenn sie im Geschlechtsverkehr zu hastig sind, können sie nicht dem richtigen Kurs folgen; das ruft Krankheit, Schwitzen, Keuchen, innere Unruhe und geistige Verwirrung hervor.

Kannst du dies nicht beheben, dann bekommst du inneres Fieber. Nimm Kräuter und Moxibustions-Behandlungen[10], um so Energie zu erzeugen; nimm diätetische Zusätze, um die physische Stärke zu steigern. Erzwingst du den Verkehr, ohne dabei fähig zu sein, dem richtigen Kurs zu folgen, dann wird das Hämorrhoiden und eine Schwellung des Hodensacks hervorrufen; es kommt zu einem aufblähenden Energie- und Blutstau, einer Funktionsstörung der Körperöffnungen, einer Schwäche in den oberen und unteren Gliedmaßen, Krampfadern und Geschwüren. Darum nutze geschickt die acht Pluspunkte, beseitige die sieben Minuspunkte, und diese Leiden werden nicht auftreten.

## 6

Die acht Pluspunkte sind folgende. Der erste ist das Beherrschen der Energie. Der zweite ist das Erzeugen von Feuchtigkeit. Der dritte ist das Bescheidwissen über die passende zeitliche Abstimmung. Der vierte ist das Ansammeln der Energie. Der fünfte ist das sachte Befeuchten. Der sechste ist das Festigen der Energie. Der siebte ist das Aufrechterhalten der Fülle. Der achte ist das Stabilisieren der Erektion.

## 7

Die sieben Minuspunkte sind folgende. Der erste ist das Verschließen. Der zweite ist das Undichtsein. Der dritte ist die Erschöpfung. Der vierte ist die Impotenz. Der fünfte ist die Gefühlsstörung. Der sechste ist die Entfremdung. Der siebte ist die Verschwendung.

8

So lassen sich die acht Pluspunkte verwirklichen: Erhebe dich bei Tagesanbruch, setze dich auf, richte dein Rückgrat gerade, entspanne dein Gesäß, ziehe deine Damm-Muskeln zusammen, und leite Energie zu deinen Geschlechtsorganen. Dies nennt man Erzeugen von Feuchtigkeit.
Wenn das Vorspiel beiderseits zufriedenstellend ist und beide es wollen, dann nennt man dies Bescheidwissen über die passende zeitliche Abstimmung.
Sorge dafür, daß dein Rücken während des Verkehrs entspannt ist, ziehe deine Damm-Muskeln zusammen, und übe Druck nach unten aus; das nennt man Ansammeln der Energie.
Fahre nicht zu rasch oder mit zu hoher Frequenz ein und aus; gleite sanft und kontrolliert hinein und hinaus. Das nennt man sachtes Befeuchten.
Wenn du vorhast, das Bett zu verlassen, dann

ziehe dich zurück, solange du noch eine Erektion hast; das nennt man Festigen der Energie.
Wenn der Abschluß unmittelbar bevorsteht, dann atme tief, vermeide heftige Bewegung, sammle Energie und drücke sie nach unten; verharre dabei in einem Zustand physischer Ruhe; das nennt man Aufrechterhalten der Fülle.
Wenn der Abschluß erfolgt ist, dann wasche dich; ziehe dich zurück, solange sich die Erektion noch hält. Das nennt man Stabilisieren der Erektion.
Das sind die acht Pluspunkte.

9

Die sieben Minuspunkte gestalten sich wie folgt. Wenn der Verkehr schmerzhaft ist, dann nennt man das inwendiges Verschließen. Starkes Schwitzen und vorzeitige Ejakulation werden als äußeres Undichtsein eingestuft. Hyperaktivität ist gleichbedeutend mit Erschöpfung. Unfähigkeit trotz vorhandener Begierde nennt man Impotenz. Es atemlos und innerlich unkontrolliert auszuführen nennt man Gefühlsstörung. Es zu erzwingen, wenn keine Begierde vorhanden ist, ist gleichbedeutend mit Entfremdung. Es zu schnell durchzuführen ist gleichbedeutend mit Verschwendung.
Das sind die sieben Minuspunkte.
Gebrauchst du daher geschickt die genannten acht Pluspunkte und beseitigst die sieben Minuspunkte, dann werden deine Augen und Ohren hell und scharf sein, dein Körper wird leicht und geschmeidig sein, deine sexuelle Energie wird zusehends stärker werden, du

wirst deine Jahre verlängern, deine Lebensspanne vergrößern und in dauerhaftem Glück leben.

10

Die Menschen werden mit der Fähigkeit zu zwei Tätigkeiten geboren, ohne diese erst zu erlernen: Das eine ist das Atmen, das andere ist das Sich-Ernähren. Alles außer diesen zweien muß erlernt und geübt werden. Da also die Ernährung die Gesundheit steigert, wohingegen die Sinnlichkeit die Gesundheit untergräbt, befolgen weise Menschen notwendigerweise Regeln für den Verkehr zwischen Männern und Frauen.

11

»Tollende Tiger« ist eine davon, »klammernde Zikade« ist eine weitere; hierbei ist man auf äußeres Atmen bedacht. »Spannerraupe« ist eine dritte, »Hirsch, der sein Geweih hebt« ist eine vierte. »Phönix, der seine Schwingen ausbreitet« ist die fünfte; hierbei ist man auf inneres Atmen bedacht; »kauernde Affen« ist die sechste; hierbei ist man auf äußeres Atmen bedacht. »Kröten« ist die siebte, »hüpfende Hasen« ist die achte. »Libellen« ist die neunte; auch hierbei ist man auf äußeres Atmen bedacht; »fressender Fisch« ist die zehnte.

Das sind die Namen der zehn Stellungen.

Die zehn Verfeinerungen sind: das Zuführen von Energie, das Schlucken von Speichel, das Kontrollieren des Penis, das Stimulieren der Klitoris, das Sorgen für die Abstimmung auf den richtigen Zeitpunkt, die intime Verständigung beim Verkehr, das sachte Bewegen, das Abwarten der Fülle, das gemeinsame Erreichen des Höhepunkts und das körperliche Ausruhen.

Die acht Arten sind: hoch, niedrig, links, rechts, tief, oberflächlich, schnell und langsam.

Wenn du zu den zehn Verfeinerungen bereit und für die zehn Stellungen gerüstet bist, dann habe abends Verkehr, und mache dabei von einer Auswahl der acht Arten Gebrauch. Treibe deine Energie in deine Genitalien, bevor der Schweiß fließt; halte den Atem an, und bringe deine Geschlechtsteile zum Vibrieren, wobei du die Gefäße reinigst und die Bänder verstärkst. Warte aufmerksam auf die acht Bewegungen der Frau, behalte im Auge, wo sich ihre Energie befindet, und beachte, wie sie stöhnt und seufzt, damit du entscheiden kannst, was als nächstes zu tun ist.

## 12

Die acht Bewegungen der Frau bestehen darin, daß sie umfängt, stößt, sich flach ausstreckt, die Beine reckt, die Schenkel kreuzt, bebt, von der Seite her umschlingt oder aufwärts umschlingt.
Ihre Geräusche sind: rauhes Atmen, Keuchen, Seufzen, Stöhnen und Quengeln. Beobachte sorgfältig ihre Geräusche, um über ihr Empfinden Bescheid zu wissen; beobachte sorgfältig ihre acht Bewegungen, um zu wissen, was ihr Vergnügen bereitet und was wirkungsvoll ist.
Wenn sie umfängt, dann will sie, daß sich die Bäuche berühren; wenn sie stößt, dann will sie die gesonderte Stimulierung des Venusbergs. Wenn sie die Beine von der Seite her um den Mann schlingt, dann will sie die seitliche Stimulierung. Wenn sie die Schenkel kreuzt, dann besagt dies, daß die Penetrierung zu tief ist; wenn sie die Beine reckt, ist die Penetrierung nicht tief genug. Wenn sie

die Beine um den über ihr befindlichen Mann schlingt, dann besagt dies, daß er noch nicht zur Gänze eingedrungen ist. Wenn sie bebt, dann ist es überaus zufriedenstellend. Das sind die sogenannten acht Beobachtungen.

Wenn die Energie ansteigt und eure Gesichter heiß werden, dann tauscht langsame Küsse. Wenn die Brustwarzen der Frau sich aufrichten und ihre Nase läuft, dann umarmt euch langsam. Wenn eure Zungen dünn überzogen und schlüpfrig sind, dann kommt langsam zusammen. Wenn die Schenkel der Frau von ihren Absonderungen naß sind, dann bewegt euch langsam. Wenn ihre Kehle trocken ist und sie Speichel schluckt, dann schaukelt langsam hin und her. Das sind die sogenannten fünf Zeichen. Diese verweisen auf fünf Äußerungen des Verlangens. Sind alle fünf gegeben, dann magst du den Verkehr beginnen.

Wenn eine Erektion nicht zur vollen Größe ausgebildet ist, besagt dies, daß das Fleisch nicht mit Energie geladen ist. Wenn sie zur vollen Größe ausgebildet, aber nicht hart ist, dann besagt dies, daß die Muskulatur nicht mit Energie geladen ist. Wenn sie hart, aber nicht heiß ist, dann besagt dies, daß die Stimmung nicht da ist. Wenn alle drei mit Energie geladen sind, dann ist die Penetrierung möglich.

Bei einmaliger Vollendung tritt eine klare Kühle ein. Bei der zweiten Vollendung verbreitet sich ein Geruch wie von verbrannten Knochen. Bei der dritten Vollendung stellt sich eine brennende Hitze ein. Bei der vierten Vollendung stellt sich eine ölige Absonderung ein. Bei der fünften Vollendung verbreitet sich ein getreideartiges Aroma. Bei der sechsten Vollendung ist die Sexualabsonderung zähflüssig. Bei der siebten Vollendung wird sie klebrig. Bei der achten Vollendung wird sie fettig. Bei der neunten Vollendung dickt sie ein. Bei der zehnten Vollendung kommt es zu einem Höhepunkt und neuerlich auftretender Schlüpfrigkeit; aufgefrischte Energie verbreitet sich dann.

Die Öffnung und die Vorderkammer der Vulva, die äußeren und inneren Lippen, die Klitoris, der von einem Muskelring umgebene Scheideneingang, die vordere und hintere, die rechte und linke Wandung der Scheide, der Gebärmuttereingang: Finde sie, und sieh zu, daß sie stimuliert bleiben; führe so den Abschluß herbei, noch ehe deine Erektion zurückgeht. Treibe die Energie ins Fleisch und in die Haut, und plaziere sie in der Leibesmitte und im Innern des Körpers. Die Lippen sind bleich, der Schweiß fließt zu den Kniekehlen; von den Stößen zählst du nun jeweils hundert.

## 13

Ein Mann, der ein guter Liebhaber ist, greift der Frau nicht vor; erst wenn die Frau das Verlangen dazu hat, kann ein guter Liebhaber lieben. Sei nicht überstürzt, sei nicht herrisch; erzwinge nichts, aber sei nicht zögerlich. Sei darauf bedacht, daß du gemächlich vorgehst, um den Akt zu verlängern, daß du sanft bist, um die Selbstkontrolle aufrechtzuerhalten; so hältst du vor dem Höhepunkt an, unmittelbar bevor du ihn erreichst; dann wird die Frau tief beglückt sein.

Atmen mit offenem Mund stößt negative Energie aus und vermehrt positive Energie. Keuchen bedeutet, daß sich die Atmung beschleunigt; jetzt öffnen sich die weiblichen Genitalien. Seufzen ist zur Stimulierung der Schamlippen von einer raschen Bewegung des Gesäßes begleitet. Stöhnen zeigt intensive Lust und das Einsetzen der dem Orgasmus vorausgehenden Spannung an. Quengeln bedeutet, daß sie einen Höhepunkt erreicht hat und weitermachen will.

So wird der Mann der Kategorie des Yang zugeordnet, und das Yang wird mit dem Äußeren verknüpft, wohingegen die Frau der Kategorie des Yin zugeordnet wird, und das Yin wird mit dem Inneren verknüpft. Die Stimulierung des Mannes erfolgt außen, die Stimulierung der Frau erfolgt innen; dies nennt man die Logik von Yin und Yang, den Grund für das Weibliche und das Männliche. Wird sie falsch praktiziert, dann liegt der Fehler an der Methode.

Das Wichtigste bei der Lustbefriedigung zwischen Frauen und Männern ist, daß man sie gemächlich vollzieht und lange weitermacht. Wenn der Mann gemächlich vorgehen und lange weitermachen kann, wird die Frau tief beglückt sein und wird ihm freundlicher zugetan sein, als es sich Geschwister sind, und ihm mehr Liebe entgegenbringen als Eltern ihren Kindern. Wer fähig ist, diese Kunst zu meistern, gilt als ein Ritter des Himmels.

# UNTERWEISUNGEN
# IN DER WIRKKRAFT UND
# IM LEITENDEN PRINZIP

# Unterweisungen in der Wirkkraft II

Höhere Wirkkraft ist nicht
    zielstrebig;
  ebendarum ist sie wirksam.
Niedere Wirkkraft verliert das Ziel
    nicht aus dem Auge,
  deshalb fehlt ihr die Wirksamkeit.
Wenn höhere Wirkkraft
    ungekünstelt ist,
  hat sie keinen tieferen Beweggrund;
höhere Wohltätigkeit wird tatkräftig
    vollzogen,
  hat aber keinen tieferen Beweggrund.
Wenn höhere Wirkkraft vorsätzlich
    ausgeübt wird,
  liegt ihr ein Zweck zugrunde.
Wenn höheres Entgegenkommen
    bezeigt wird,
  aber niemand darauf reagiert,
  dann wird es auf übertriebene
    Weise wiederholt.
Folglich: Die Wirkkraft wird benötigt,
    nachdem das Leitprinzip
    verlorengegangen ist,

die Wohltätigkeit wird benötigt,
nachdem die Wirkkraft
verlorengegangen ist,
die Pflicht wird benötigt, nachdem
die Wohltätigkeit
verlorengegangen ist,
das Ritual wird benötigt, nachdem
die Pflicht verlorengegangen ist.
Das Ritual ist die Dürftigkeit
verläßlicher Treue
und der Anfang der Wirrnis.
Vorauswissen ist eine Frucht
des Leitprinzips,
aber auch der Beginn
der Unkenntnis.
Wer daher Größe besitzt,
lebt aus dem Vollen,
nicht aus dem Dürftigen;
er lebt aus dem Eigentlichen,
nicht aus dem Belanglosen.
Also ergreift er das eine und läßt
das andere. 1[38][12]

Die uralte Erlangung der Einheit
gestaltete sich wie folgt:

Der Himmel erlangte die Einheit,
dadurch wurde er klar;
die Erde erlangte die Einheit,
dadurch wurde sie ruhig;
der Geist erlangte die Einheit,
dadurch wurde er beflügelt;
die Täler erlangten die Einheit,
dadurch wurden sie gefüllt;
Führer und Herrscher erlangten
die Einheit,
dadurch wurden sie zu Leitbildern
für die Welt.
Diese Einung ist so übergreifend,
daß folgendes gilt:
Fehlte dem Himmel die Möglichkeit,
klar zu sein,
würde er wohl zerbersten;
fehlte der Erde die Möglichkeit,
ruhig zu sein,
würde sie wohl aufplatzen;
fehlte dem Geist die Möglichkeit,
beflügelt zu sein,
würde er wohl verschleißen;
fehlte den Tälern die Möglichkeit,
gefüllt zu sein,

würden sie wohl austrocknen;
fehlte Führern und Herrschern
die Möglichkeit, erhaben und
überragend zu sein,
würden sie wohl straucheln.
Willst du also erhaben sein,
hat dies die Demut zum Grundstock;
willst du hochgestellt sein,
basiert dies darauf, daß du dich selbst
erniedrigst.
Ebendarum nennen Führer
und Herrscher sich selbst
verwaist, vereinsamt und glücklos;
dergestalt verwenden sie die Demut
als Basis. Ist es nicht so?
Somit ist wiederholte Erhebung
keine Erhebung,
darum wollen sie nicht
gleißen wie Geschmeide,
sondern hart sein wie Stein. 2[39]

Wenn der überlegene Mensch
das Leitprinzip vernimmt,
macht er es sorgfältig und
geschickt wahr.

Wenn der mittelmäßige Mensch das
Leitprinzip vernimmt,
bleibt es verschwommen
und zweifelhaft.
Wenn der mindere Mensch
das Leitprinzip vernimmt,
bricht er in Gelächter aus.
Lachte er nicht darüber,
wäre es nicht wert, für das Leitprinzip
gehalten zu werden.
Darum heißt es in althergebrachten
Sprüchen:
Gemessen an der Erleuchtung,
scheint das Leitprinzip irrwitzig
zu sein,
gemessen am Fortschritt, scheint das
Leitprinzip rückschrittlich zu sein,
gemessen an der Gleichheit, scheint das
Leitprinzip nach Klassen zu gliedern.
Höhere Wirkkraft scheint
in Verlegenheit zu sein,
große Reinheit scheint
wie eine Schande zu sein,
weitreichende Wirkkraft scheint
unzulänglich zu sein,

tiefgreifende Wirkkraft scheint
beiläufig zu sein.
Elementare Wirklichkeit scheint
wandelbar zu sein,
große Ausdehnung hat keine Ufer.
Ein großes Gefäß wird spät vollendet,
ein großer Klang wird selten gehört.
Die Gestalt der Natur[13] ist gestaltlos;
das Leitprinzip ist verborgen
und namenlos.
Aber nur dieses leitende Prinzip bewirkt
einen guten Anfang
und eine gute Vollendung. 3[41]

Das Leitprinzip ist durch Wiederkehr und
Erneuerung tätig,
es arbeitet ohne Gewalt oder Angriff.
Alles auf der Welt ersteht aus dem Sein,
das Sein ersteht aus dem Nichtsein.
4[40]

Das Leitprinzip erzeugt die Einheit,
die Einheit erzeugt die Entzweiung,
die Entzweiung erzeugt die Synthese,
die Synthese erzeugt alle Dinge.

Alle Dinge tragen das Negative und
umfangen das Positive[14] –
von einer Anpassungsenergie
durchströmt, die sie in
Einklang bringt.
Jeder haßt es, verwaist, vereinsamt und
glücklos zu sein,
doch Könige und Fürsten kennzeichnen
sich selber so.
Drum mögen manche aus dem Weniger
Nutzen ziehen
und manche durch das Mehr Schaden
leiden.
Was andere mich zu lehren haben,
das habe auch ich andere zu lehren –
nämlich: Nicht einmal der Starke und
Gescheite kann sich seinen Tod
aussuchen;
dies gilt mir als der Vater der
Verständigkeit. 5[42]

Das Allerweichste der Welt
treibt das Allerhärteste der Welt voran;
das Nichtsein dringt noch da ein, wo sich
kein Zwischenraum befindet:

Dadurch weiß ich um den Nutzen des
Nicht-Durchsetzens.
Wortlose Unterrichtung und Nutzen ohne
Durchsetzung
werden in der Welt nur selten erreicht.
6[43]

Was ist dir teurer,
dein Name oder dein Leib?
Was bedeutet dir mehr,
dein Leib oder deine Güter?
Was trifft dich tiefer,
Gewinn oder Verlust?
Wo äußerstes Verlangen ist,
da ist große Verausgabung;
wo viel gehortet ist,
da ist viel zu verlieren.
Daher: Wenn du weißt, wann du
genug hast,
wirst du nicht in Schande geraten;
und wenn du weißt, wann man
aufhören muß,
wirst du nicht in Gefahr geraten.
Dergestalt kannst du lange
Zeit leben. 7[44]

Großer Leistung scheint es an
etwas zu mangeln,
aber ihre Brauchbarkeit ist
unerschöpflich.
Große Erfüllung scheint leer zu sein,
aber ihre Zweckmäßigkeit ist
unbegrenzt.
Große Offenherzigkeit scheint
unverständlich zu sein,
große Geschicklichkeit scheint
unbeholfen zu sein,
großer Mehrertrag wird versteckt
gehalten.
Bewegung überwindet die Kälte,
Stille überwindet die Hitze;
mit klarer Ruhe
kannst du in allen weltlichen Dingen
untadelig sein. 8[45]

Hat die Welt das Leitprinzip,
schickt man die Prachtrosse zum Düngen
der Felder zurück;
hat die Welt das Leitprinzip nicht,
züchtet man Kriegsrosse auf
dem Lande.

Kein Fehler ist schlimmer
als die Gier,
kein Verhängnis ist schlimmer als die Unzufriedenheit,
kein Makel ist quälender als das Streben nach Gewinn.
Daher ist die Genüge der Zufriedenheit immer genug. 9[46]

Kenne die Welt,
ohne aus dem Haus zu gehen,
kenne das Wetter,
ohne aus dem Fenster zu schauen.
Je weiter man hinausgeht,
desto kümmerlicher ist die Kenntnis;
drum kennen Weise, ohne zu gehen,
benennen, ohne zu schauen,
schaffen, ohne durchzusetzen. 10[47]

Wer danach trachtet zu lernen, gewinnt täglich;
wer hingegen das Leitprinzip wahrt, verliert täglich –
ein Verlierender ist, der auch das noch verliert,

bis er zum Freisein von der Künstlichkeit
gelangt.
Jeglicher Künstlichkeit ledig,
kann er alles vollbringen.
Wer die Welt in Besitz nehmen will,
ist stets innerlich unbeteiligt;
läge ihm etwas daran,
wäre er ungeeignet,
die Welt in Besitz zu nehmen. 11[48]

Weise Führer sind stets leeren Sinnes:
Sie benutzen das innere Vergegenwärtigen
jeglicher Empfindung als ihren Sinn.
Sie sehen das Gute in den Guten,
und selbst in jenen, die Ungutes tun,
sehen sie noch etwas Gutes:
Dies ist das Auffinden des Guten.
Sie trauen den Vertrauenswürdigen,
und was die Unzuverlässigen angeht,
so trauen sie diesen das gleiche zu:
Das ist wirksames Vertrauen.
Die Anwesenheit weiser Führer in der Welt
stiftet Versöhnung;
der Welt zuliebe umwölkt sich
ihr Gemüt,

drum sind alle Menschen in ihrer
Sicht- und Hörweite,
und mit einfältigem Lächeln
umschließen weise Führer jedermann.

12[49]

Wir gehen ins Leben hinaus und kehren im
Tode zurück.
Es gibt dreizehn Begleiter[15]
des Lebens
und dreizehn Begleiter
des Todes.
Aber der Lebenslauf der Menschen wirbelt
viel Staub auf,
und sie gehen allesamt zu den dreizehn
Grundzonen des Todes.
Und weshalb? Weil sie das Dasein als
das Leben ansehen.
Von jenen, die trefflich am Leben festhalten,
heißt es:
Sie weichen Tigern und Nashörnern
nicht aus, wenn sie die Bergländer
durchreisen,
sie ziehen im Kriegsdienst keine
Rüstung an;

Nashörner haben keine Möglichkeit,
das Horn in sie zu stoßen,
Tiger haben keine Möglichkeit,
die Krallen in sie zu schlagen,
Waffen haben keine Möglichkeit,
sie zu durchbohren.
Und weshalb? Weil keine tödliche Stelle
an ihnen ist. 13[50]

Das Leitprinzip erschafft, die
Wirkkraft hegt,
die Wesen schenken Gestalt, die
Hilfsmittel vollenden.
Ebendarum ehren alle Wesen das
Leitprinzip und schätzen die Wirkkraft.
Die Würde des Leitprinzips und der Wert
der Wirkkraft
werden nicht durch irgend jemanden
verliehen,
sondern erstehen auf natürliche Weise
von selbst.
Das Leitprinzip erschafft, hegt, bringt zur
Entfaltung, läßt reifen,
verwirklicht, ernährt, stärkt und
beschirmt.

Es ist schöpferisch
ohne Besitzanspruch,
aufbauend ohne Selbstgefälligkeit,
entfaltend ohne Zwangsausübung;
dies nennt man unaufdringliche
Wirkkraft. 14[51]

Die Welt hat einen Anfang,
der ist der Urquell der Welt.
Findest du erst einmal den Urquell,
kennst du dadurch
das Erzeugte.
Kennst du erst einmal das Erzeugte,
dann geh zurück,
um den Urquell zu bewahren,
und du wirst keinesfalls
in Gefahr geraten.
Versperre die Öffnungen, schließe
die Pforten,
und du wirst keinesfalls
in Bedrängnis geraten.
Öffne die Öffnungen und
regle Geschäfte,
und du wirst keinesfalls
errettet werden.

Das Kleine zu beachten,
nennt man Klarheit,
schmiegsam zu bleiben,
nennt man Stärke.
Verwende den Glanz,
und kehre zur Klarheit zurück,
und du hinterläßt nichts
Schädliches.
Dies nennt man: dem
Beständigen folgen.

15[52]

Sofern wir ein wenig Wissen haben,
um das große Leitprinzip zu wahren,
ist allein die Abweichung zu fürchten.
Das Leitprinzip ist leicht,
aber die Menschen sind sehr halsstarrig.
Sind die Fürstenhöfe sehr schmuck,
die Felder aber voller Unkraut
und die Kornkammern ganz leer,
dann wird das Tragen
farbenprächtiger Kleider
und das Sichgürten mit
scharfen Schwertern,
das Essen bis zur Übersättigung

und das Besitzen überschüssigen
Vermögens
die Anmaßung von Dieben genannt.
Die Anmaßung von Dieben
ist kein Leitbild! 16[53]

Das gut Gebaute fällt nicht auseinander,
das gut Umhüllte entweicht nicht;
ohne Unterlaß erweisen
seine Erben ihm Ehre.
Entfalte es im Einzelmenschen,
und die Wirkkraft ist echt;
entfalte es im Familienkreis,
und die Wirkkraft ist reichlich.
Entfalte es in der Gemeinde,
und die Wirkkraft wächst;
entfalte es im Staat, und die Wirkkraft
ist im Überfluß vorhanden.
Entfalte es weltweit,
und die Wirkkraft ist allumfassend.
Sieh den Einzelmenschen dem
Einzelmenschen gemäß,
sieh die Familie der Familie gemäß,
sieh die Gemeinde der Gemeinde
gemäß,

sieh den Staat dem Staat gemäß,
sieh die Welt der Welt gemäß.
Wodurch weiß ich, wie die Welt
beschaffen ist?
Eben dadurch! 17[54]

Die Tiefe innerer Wirkkraft
ist einem Kleinkind vergleichbar,
das Bienen, Wanzen und Schlangen
nicht stechen noch beißen,
das Raubvögel und wilde Tiere
nicht reißen.
Seine Knochen und Sehnen
sind schwach und weich,
doch sein Griff ist fest;
es weiß nichts vom Liebesakt,
doch sein Glied richtet sich auf:
Das ist der Inbegriff der Lebenskraft.
Es kann den ganzen Tag schreien,
ohne heiser zu werden;
das ist der Inbegriff des Einklangs.
Den Einklang nennt
man das Beständige;
das Beständige zu kennen,
nennt man Erleuchtung.

Das Leben zu steigern nennt man
glückverheißend;
wenn der Geist Energie aufwendet,
nennt man das Stärke.
Wenn Wesen den Höchststand
der Macht erreichen, altern sie;
das nennt man »ohne Leitprinzip«.
Die ohne leitendes Prinzip sind,
gehen früh zugrunde. 18[55]

Wer weiß, tut nicht kund,
wer kundtut, weiß nicht.
Versperre die Öffnungen,
schließe die Eingangswege;
dämpfe den Glanz,
werde eins mit dem Staub;
stumpfe die Schärfe,
entwirre die Verwicklungen.
Dies nennt man mystische Gleichheit,
die bewirkt, daß man dir nicht
nahekommen kann
und dich doch nicht
fernhalten kann;
daß man dir nicht helfen kann
und dir doch nicht schaden kann;

daß man dich nicht wertschätzen kann
und dich doch nicht verachten kann –
und so beschaffen sind
die Würdigsten der Welt. 19[56]

Verwende Übereinkunft,
um einen Staat zu regieren,
verwende Überrumpelung
bei kriegerischen Aktionen,
verwende Unbeteiligtsein,
um die Welt in Besitz zu nehmen.
Woher weiß ich, daß das zutrifft?
Wenn es viele strikte Verbote
in der Welt gibt,
wird das Volk immer ärmer.
Wenn das Volk viele Waffen hat,
wird das Gemeinwesen um
so zerrütteter.
Wenn das Volk sehr gewitzt ist,
kommen immer mehr
befremdliche Dinge auf.
Je mehr Gesetze und Vorschriften
erlassen werden,
desto mehr Räuber und Rechtsbrecher
gibt es.

Daher sagt ein einsichtiger Herrscher:
»Tue ich nichts,
wird das Volk von selbst Gesittung erlangen.
Liebe ich die Ruhe,
wird das Volk von selbst rechtschaffen sein.
Bin ich unbeteiligt,
wird das Volk von selbst reich werden.
Will ich das Nicht-Wollen,
wird das Volk von selbst einfältig sein.«

20[57]

Wenn die Staatsverwaltung unaufdringlich ist,
ist das Volk rein und einfach.
Wenn die Staatsverwaltung sich vordrängt,
leidet das Volk an Mangel und hat Bedürfnisse.
Das Unheil gründet auf dem Glück,
das Glück liegt im Unheil verborgen.
Wer kennt das Ende? Gibt es kein übliches Maß?
Sobald das Übliche außergewöhnlich geworden ist,

wird auch das Gute schlecht;
die Verwirrung der Menschen währt
freilich seit langer Zeit!
Drum sei untadelig, ohne dabei
zu kränken,
sei rein, ohne dabei zu mißbilligen,
sei freimütig, ohne dabei zu bedrücken,
sei erleuchtet, ohne dabei zu blenden.

21[58]

Beim Regieren wie auch bei der Andacht
ist es am besten, mit sich zu geizen.
Nur indem man mit sich geizt,
kann man die Ordnung
frühzeitig erlangen.
Dies nennt man doppelten Zuwachs
an Wirkkraft.
Durch doppelten Zuwachs an Wirkkraft
ist nichts unmöglich.
Wenn nichts unmöglich ist,
läßt sich keine Begrenzung ermitteln.
Wenn sich keine Begrenzung
ermitteln läßt,
ist es möglich, über einen Staat
zu verfügen.

Das Verfügen über einen Staat
    ist der Mutterboden,
  dank dem man lange überdauern kann.
Dies nennt man das Vertiefen der Wurzel
  und das Festigen des Stammes –
  den Weg zu langem Leben
  und anhaltender Schau. 22[59]

Regiere einen großen Staat,
    wie man kleine Fische brät;
  bediene dich des Leitprinzips,
    um die Welt zu gestalten.
Dann sind die Totengeister nicht heilig.
Nicht daß sie unheilig wären,
  aber ihre übernatürlichen Fähigkeiten
  schaden den Menschen nicht.
Auch einsichtige Herrscher verursachen
    keinen Schaden.
Da beide einander nicht schaden,
  verbinden sich ihre Wirkkräfte und
    erreichen so das Ziel. 23[60]

Ein großes Reich fließt mit dem Strom;
  als Weibliches der Welt
  ist es ein Sammelplatz für die Welt.

Das Weibliche überwindet das Männliche
stets durch Stille.
Wenn man die Stille wahrt, ist es
angemessen, sich unten zu halten.
Folglich: Indem ein großes Reich
sich unter einen kleinen Staat stellt,
nimmt es den kleinen Staat auf.
Indem ein kleiner Staat
sich unter ein großes Reich stellt,
nimmt er vom großen Reich.
Drum kann einer aufnehmen,
indem er sich unten hält,
oder einem kann genommen werden
von seiten des unteren.
So will ein großes Reich nichts,
als die Menschen in sich zu schließen
und zu nähren;
ein kleiner Staat will nichts,
als sich den Menschen zuzugesellen
und ihnen zu dienen.
Damit beide erlangen,
was sie begehren,
geziemt es dem Großen,
sich unten zu halten. 24[61]

Das Leitprinzip ist das,
was alle Dinge zusammenhält,
der Schatz der guten Menschen
und das, was jene schützt,
die nicht gut sind.
Mit schönen Worten kann
man Handel treiben,
ehrerbietiges Gebaren kann
die Menschen belasten;
auch wenn die Menschen alles andere
als gut sind,
weshalb sollten sie dergleichen wohl
aufgeben?
Wenn daher der Herrscher
über das Ganze
das innere Kabinett aufstellt,
dann mag zwar die feierliche Übergabe
von zeremoniellen Jadeehrenzeichen
und Pferdeviergespannen erfolgen,
und trotzdem ist das nicht so gut,
wie ruhigen Sinnes
in diesem leitenden Prinzip
Fortschritte zu machen.
Weshalb wurde es einstmals
so hoch geschätzt?

Heißt es nicht, daß Suchende
    dadurch finden,
  während jene, die sich irren,
    den Irrtum dadurch loswerden?
Daher ist es das Wertvollste in der Welt.

25[62]

Handle, ohne etwas
    durchzusetzen,
  arbeite, ohne ein Sklave
    der Arbeit zu sein,
  koste das Geschmacklose.
Mache das Kleine groß,
  mache das Wenige zu vielem.
Erwidere Haß mit Wohlwollen,
  plane das Schwierige,
  solange es noch leicht ist.
Die größten Dinge in der Welt
  werden vollbracht, solange sie noch
    unscheinbar sind;
  drum vollbringen einsichtige Herrscher
    nie Großes
  und können so Größe erlangen.
Wer allzuleicht zustimmt,
  dem traut man zwangsläufig wenig;

wer die Dinge allzu leicht nimmt,
dem werden gewiß
viele Widrigkeiten begegnen.
Daher bleiben einsichtige Führer
letztlich von Schwierigkeiten verschont,
indem sie die Dinge für schwer erachten.

26[63]

Ruhendes ist leicht zu halten,
noch nicht zutage Getretenes
ist leicht zu planen.
Zartes ist leicht zu spalten,
Unscheinbares ist leicht zu zerstreuen.
Befaß dich damit, ehe es da ist,
Lenk es, ehe es
ins Kraut schießt.
Riesige Bäume wachsen
aus Sprossen,
große Bauten steigen
aus Erdhaufen empor,
die höchsten Höhen beginnen
zu deinen Füßen.
Dies durchzusetzen heißt: es verderben;
sich daran zu klammern suchen heißt:
es verlieren.

Daher setzen Weise nichts durch
und folglich verderben sie nichts;
sie klammern sich an nichts,
und folglich verlieren sie nichts.
Die Menschen scheitern für gewöhnlich
in ihrem Unterfangen
gerade dann, wenn sie unmittelbar
vor dem Erfolg stehen;
drum sei auf das Ende genauso bedacht,
wie du es auf den Anfang bist,
und kein Unterfangen wird scheitern.
Daher wollen Weise das Nicht-Wollen
und schätzen keine schwer
zu erwerbenden Güter;
sie erlernen das Nicht-Nachahmen
und bessern umgestaltend
die Fehler der Menge.
Sie sind befähigt, zur naturgegebenen
Ungezwungenheit aller Wesen
beizutragen,
und erdreisten sich nicht, Unnatürliches
durchzusetzen. 27[64]

Vor alters bestand das Wahren des
Leitprinzips

nicht darin, die Menschen verständig
zu machen,
sondern sie einfältig zu machen.
Was die Menschen widerspenstig macht,
ist ihre Gewitztheit;
also: Einen Staat mit Gewitztheit
zu lenken
bedeutet, den Staat zu untergraben;
den Staat hingegen mit Einfalt
zu lenken
ist ein Segen für den Staat.
Sich dieser beiden Punkte stets
bewußt zu sein
ist auch ein Grundmuster für
die prüfende Betrachtung;
sich solcher Grundmuster
für die prüfende Betrachtung
stets bewußt zu sein,
das nennt man geheime Wirkkraft.
Geheime Wirkkraft ist tiefgreifend,
weitreichend;
sie ist das Gegenteil der Dinge,
gelangt aber demgemäß
zum großen Gleichklang. 28[65]

Ströme und Meere können deshalb
Könige aller Flußtäler sein,
weil sie sich unten halten;
auf diese Weise können sie
Könige aller Flußtäler sein.
Wenn daher Weise sich über die Menschen
erheben wollen,
stellen sie sich in ihrer Rede unter diese;
wenn sie die Menschen anführen wollen,
setzen sie sich in ihrem Rang hinter diese.
Folglich schaden die Menschen ihnen nicht,
obgleich sie vorn sind;
die Menschen halten sie nicht
für eine Last,
obgleich sie oben sind.
Jeder in der Welt unterstützt sie freudig,
ohne ihrer überdrüssig zu werden.
Geschieht das nicht darum,
weil sie nicht streitbar sind?
Also kann niemand in der Welt
mit ihnen streiten. 29[66]

Ein kleiner Staat hat wenig Menschen;
er läßt sie Waffen besitzen,
aber niemand macht von ihnen Gebrauch;

er läßt sie den Tod achten
und im Lande verbleiben.
Sie haben Boote und Wagen,
fahren aber nicht damit;
sie haben Rüstung und Waffen,
setzen sie aber nicht ein.
Er läßt die Menschen
zu einfachen Formen zurückkehren:
Ihr Essen schmeckt ihnen,
ihre Kleidung gefällt ihnen,
ihre Sitten bereiten ihnen Freude,
friedvoll leben sie zu Hause.
Der Nachbarstaat mag
so nahe liegen,
daß man das Krähen der Hähne
und Bellen der Hunde hören kann,
doch keiner aus der Bevölkerung
war auch nur einmal
in seinem ganzen Leben dort. 30[80]

Wahre Worte sind nicht ausgeschmückt,
ausgeschmückte Worte sind nicht
wahr.
Wer weiß, verallgemeinert nicht,
wer verallgemeinert, weiß nicht.

Qualität ist nicht Quantität,
  Quantität ist nicht Qualität.
Weise häufen nichts an,
  da sie es dazu verwenden,
    den Menschen zu helfen;
  und je reicher ihre Habe ist,
  die ja anderen geschenkt wird,
  desto größer wird ihr eigner Überfluß.
Also: Das Leitprinzip der Natur
    besteht darin,
  zu helfen und nicht zu schaden;
  das Leitprinzip der Menschen
    besteht darin,
  heilsam zu handeln
  und nicht streitbar zu sein. 31[81]

Alle Welt erachtet sich selber für groß,
  die Großen aber machen sich da
    keine Gedanken;
  wahrlich, nur indem sie sich
    keine Gedanken machen,
  können sie groß sein –
  machten sie sich Gedanken darüber,
  würden sie am Ende
    unbedeutend werden.

Ich habe stets drei Schätze,
die ich wahre und hochhalte:
Der erste ist gütige Zuwendung,
der zweite ist Genügsamkeit[16],
der dritte ist, es nicht darauf anzulegen,
in der Welt oben zu sein.
Aufgrund gütiger Zuwendung
kann man tapfer sein;
aufgrund von Genügsamkeit
kann man vielseitig sein;
weil man es nicht darauf anlegt,
in der Welt oben zu sein,
kann man unter den Dienern
des Staates
die Vorrangstellung einnehmen.
Nun denn: Gibst du diese
gütige Zuwendung und Tapferkeit auf,
gibst du diese Genügsamkeit und
Vielseitigkeit auf,
gibst du diese Demut und
Überlegenheit auf,
dann stirbst du.
Gehst du mit gütiger Zuwendung in den
Kampf,
dann wirst du obsiegen;

gebrauche sie zur Verteidigung,
und du wirst geschützt sein.
Wenn die Natur Menschen
mit einer Aufgabe betrauen will,
scheint sie sie mit gütiger Zuwendung
zu umgeben. 32[67]

Demgemäß also[17]:
Gute Soldaten sind nicht kriegerisch,
gute Kämpfer geraten nicht in Wut,
und wer seine Gegner gut
zu besiegen weiß,
vermeidet das Handgemenge.
Wer Menschen gut in Dienst
zu nehmen weiß.
handelt so, als stünde er unter ihnen;
dies nennt man Wirkkraft
des Nicht-Streitens.
Dies nennt man: Menschen
in Dienst nehmen,
dies nennt man Gemeinschaft
mit der Natur;
es ist die höchste Errungenschaft
aus unvordenklicher Zeit. 33[68]

Zu militärischen Unternehmungen heißt es
im Sprichwort:
»Wir wagen nicht,
eine Handlung einzuleiten,
aber wir werden uns verteidigen.
Wir wagen nicht,
einen Zoll vorzurücken,
und sind gewillt,
einen Fuß zurückzuweichen.«
Dies nennt man:
keine Winkelzüge ausführen,
keine Fäuste schütteln,
keine Waffen ergreifen;
dergestalt hast du schließlich
keine Feinde!
Kein Unheil ist größer, als Feinde
nicht zu beachten;
beachte Feinde nicht,
und du bist nahe daran
zu verlieren, was du wertschätzt.
Drum ist ein Krieger
vom Sieg unbeeindruckt,
und der Mitfühlende wird
die Oberhand gewinnen. 34[69]

Meine Worte sind sehr leicht einzusehen
und leicht in die Tat umzusetzen;
doch niemand in der Welt vermag,
sie einzusehen,
und niemand vermag,
sie in die Tat umzusetzen.
Die Worte haben eine Quelle,
die Pflichten haben einen Herrn,
nur hat kein einziger Kenntnis davon;
eben deshalb kennt man mich nicht.
Jene, die mich kennen, sind selten;
eben darauf beruht mein Wert.
Darum tragen Weise
ein einfaches Gewand –
und verbergen einen Schatz darin.

35[70]

Es ist vortrefflich, voller Einfalt zu wissen;
es ist krankhaft, ohne Kenntnis Wissen
vorzutäuschen.
Weise sind deshalb nicht krank,
weil sie das Kranke als krank ansehen;
dergestalt vermeiden sie Krankheit.

36[71]

Wenn die Menschen nicht übermäßig
von Ehrfurcht ergriffen sind,
dann steht die große Ehrfurcht
kurz vor der Vollendung.
Sie verachten ihre Behausung nicht,
sie werden ihrer Daseinsform
nicht müde.
Nur weil sie derer
nicht müde werden,
sind sie nicht überdrüssig.
Ebendarum kennen die Weisen sich,
zeigen sich aber nicht;
sie tragen Sorge für sich,
erhöhen sich aber nicht.
So lassen sie denn das eine und
wählen das andere. 37[72]

Mut im dreisten Wagnis
ist mörderisch,
Mut in der Nicht-Vermessenheit
ist lebenspendend;
jeder der beiden mag nützlich
oder schädlich sein.
Wer kennt den Grund für das,
was der Natur zuwider ist?

Das Leitprinzip der Natur
besteht ja darin,
trefflich zu siegen, ohne zu kämpfen,
trefflich zu erwidern,
ohne daß irgend etwas gesagt wird,
von selbst zu kommen,
ohne gerufen zu werden,
mit trefflichen Taktiken ihre Kräfte
wiederzuerlangen.
Das Netz der Natur ist unermeßlich,
seine Maschen sind weit,
doch läßt es nichts entschlüpfen.

38[73]

Wäre das Volk beständig
und gewissenhaft,
fürchtete aber den Tod nicht,
wie könnte da die Todesstrafe
es einschüchtern?
Wäre das Volk beständig und
fürchtete den Tod
und dürfte man jeden,
der etwas Abweichendes tut,
gefangennehmen und töten,
wer würde dann dergleichen noch wagen?

Wenn sich das Volk ständig
und zwangsläufig
vor dem Tode fürchtet,
dann muß es immer Henker geben.
Wer an Stelle des Henkers tötet,
der ersetzt den Zimmermann
beim Holzbehauen,
und wer den Zimmermann
beim Holzbehauen ersetzt,
kommt selten umhin,
sich die Hand zu verletzen. 39[74]

Wenn das Volk hungert,
dann deswegen, weil man ihm
zu hohe Steuern auferlegt;
ebendarum hungert es.
Wenn die kleinen Leute widerspenstig sind,
dann deswegen, weil die Führer
für ihre eigenen Ziele tätig sind;
ebendarum herrscht Unordnung.
Wenn die Menschen
den Tod leichtnehmen,
dann wegen der Stärke
ihres Drangs nach dem Leben;
ebendarum nehmen sie den Tod leicht.

Nur wer das Leben nicht
für Künstliches verwendet,
schätzt das Leben auf vernünftige Weise.
40[75]

Die Menschen sind geschmeidig,
wenn sie geboren werden,
und starr, wenn sie sterben.
Alle Wesen, selbst Pflanzen
und Bäume, sind zart,
wenn sie geboren werden,
und spröde, wenn sie sterben.
Also: Das Starre ist
der Gefährte des Todes,
das Weiche ist
der Gefährte des Lebens.
Wenn Krieger stark sind,
siegen sie nicht;
wenn Gehölze stark sind,
halten sie stand.
Also sind die mächtigen Großen
niedrig gestellt,
die schmiegsamen Zarten hingegen sind
hochgestellt. 41[76]

Das Leitprinzip der Natur gleicht
dem Spannen eines Bogens:
Es macht das Hohe niedriger
und hebt das Niedrige an,
baut Überschuß ab
und stockt auf,
woran es mangelt.
Das menschliche Prinzip
besteht darin,
von den Habenichtsen zu nehmen
und es den Wohlhabenden zu geben.
Wer kann einen Überschuß besitzen
und dazu die Möglichkeit,
aus ihm den Dienst
an der Natur zu schöpfen?
Offenbar nur einer,
der dem Leitprinzip folgt.
Daher handeln Weise
ohne Besitzanspruch
und erreichen ihr Ziel ohne
Selbstgefälligkeit.
Sie sind so, weil
sie nicht als Wissende angesehen werden
wollen. 42[77]

Nichts auf der Welt
ist nachgiebiger als Wasser,
doch im Angriff auf das Harte und Starke
kann nichts es übertreffen;
deshalb nämlich,
weil nichts es ändern kann.
Jeder in der Welt weiß:
Wasser kann Hartes überwinden,
und Nachgeben kann Stärke überwinden,
doch keiner vermag,
danach zu verfahren.
Daher sagen Weise:
Wer den Tadel des Gemeinwesens
auf sich nimmt,
ist Herr des Landes;
wer das Unglück des Gemeinwesens
auf sich nimmt,
ist Herr der Welt.
Wahre Worte klingen sinnverkehrt.

43[78]

Wenn du große Feinde
miteinander versöhnst,
bleibt doch gewiß
Verbitterung zurück,
wie kann man das für gut erachten?

Drum halten sich einsichtige Menschen an
ihren Teil der Abmachung
und üben damit auf andere
keinen Druck aus;
die Wirkungsvollen übernehmen
die Verantwortung für
gegebene Zusagen,
die Wirkungslosen übernehmen
das Eintreiben von Forderungen.
Das Leitprinzip der Natur
ist unparteiisch;
es ist immer da für gute Menschen.

44[79]

# Unterweisungen im leitenden Prinzip[18]

Das Leitprinzip kann man in Worte fassen,
aber nicht nach
einem gleichbleibenden Schema.
Begriffe kann man bestimmen,
aber nicht in einer unveränderlichen
Begriffssprache.
Nichtsein nennt man
den Anfang aller Dinge,
Sein nennt man die Mutter aller Dinge.
Daher verwendet man beständige
Leidenschaftslosigkeit,
um das Subtile zu erfassen,
während man beständige
Zielsetzung verwendet,
um das von ihm auf den Plan
Gerufene zu erfassen.
Diese beiden stammen
aus derselben Quelle,
haben aber unterschiedliche Namen;
das nennt man das Geheimnis
unter den Geheimnissen,
das Tor zum Subtilen jeglicher Art.

45[1]

Wenn jeder das »Schöne«
als Schönes erkennt,
ist das schlecht.
Wenn jeder das »Gute« erkennt,
ist das nicht gut.
Ja und Nein erzeugen einander,
Schwieriges und Leichtes
ergänzen einander,
Langes und Kurzes
gestalten einander,
Hohes und Tiefes erfüllen einander,
Gedanke und Stimme
entsprechen einander,
Vorher und Nachher
folgen einander –
das hat ständige Geltung.
Daher leben einsichtige Menschen
ohne Künstlichkeit
und handeln
nach unausgesprochener Lehre;
alles kommt in Gang,
ohne daß sie zur Tat schreiten,
sie handeln ohne Abhängigkeit,
vollbringen das Ihre
ohne Einbildung.

Sie bilden sich
nichts darauf ein,
und nur dadurch vermeiden sie
seinen Verlust. 46[2]

Unterläßt man es, die Tüchtigkeit
zu erhöhen,
bringt dies das Volk dazu,
nicht in Wettstreit zu treten.
Unterläßt man es,
schwer zu erwerbende Güter
zu schätzen,
bringt dies das Volk dazu,
nicht auf Diebstahl auszugehen.
Unterläßt man es, sein Augenmerk
auf das Begehrenswerte zu lenken,
bringt dies das Volk dazu,
nicht in Aufruhr zu geraten.
Drum regieren einsichtige Herrscher so:
Sie leeren das Gemüt
und füllen die Leibesmitte,
sie schwächen die Strebungen
und stärken die Knochen
und machen das Volk stets einfältig,
nicht gierig.

Sie veranlassen die Weltklugen dazu,
sich nichts herauszunehmen;
sie erwirken nichts Künstliches,
das ist alles – so bleibt nichts ungeordnet.
47[3]

Das Leitprinzip ist in jeder Hinsicht offen,
drum hat seine Anwendung
keine Grenze;
es ist so abgründig,
daß es der Ursprung aller Dinge
zu sein scheint.
Mach scharfe Schneiden stumpf,
entwirre Verschlingungen,
bringe Erleuchtung in Einklang,
passe dich der Welt an.
Untergetaucht im Abgrund,
scheint es wohl gegenwärtig zu sein;
ich weiß nicht,
wessen Abkömmling es ist,
das vor die Schaffung der Formen
zurückreicht. 48[4]

Himmel und Erde sind unmenschlich;
für sie sind alle Wesen Strohhunde[19].

Wenn Herrscher nicht menschlich sind,
behandeln sie die kleinen Leute
wie Strohhunde.
Der Raum zwischen Himmel und Erde,
einem Blasebalg gleichend,
ist leer, doch niemals ausgeschöpft:
Bewegt erzeugt er mehr.
Schulmäßiger Gelehrsamkeit
gehen immer wieder
die Kräfte aus;
dem Verharren im Mittelpunkt
läßt sie sich nicht vergleichen. 49[5]

Läutere den Geist,
und du wirst nicht
zu Krankheit neigen;
das nennt man das Öffnen
der mystischen Weiblichkeit.
Die mystische Weiblichkeit nennt man
die Wurzel des Alls;
als subtiler, durchgängiger
Zusammenhang
ist sie wirklich zugegen;
wende sie unverkrampft an. 50[6]

Der Himmel dauert fort,
die Erde hat Bestand.
Der Grund, weshalb Himmel und Erde
fortdauern und Bestand haben,
ist, daß sie sich nicht selber fördern;
deshalb können sie lange leben.
Darum ziehen Weise sich zurück
und setzen sich dadurch an die Spitze;
sie schließen sich aus
und bestehen dadurch weiter.
Rührt es nicht
von ihrer Uneigennützigkeit her,
daß sie fähig sind,
ihren eigenen Vorteil zu wahren?

51[7]

Das hochrangig Gute ist wie das Wasser:
Das Wasser nutzt allen Wesen
und verweilt auch ruhig dort,
wo die meisten Menschen
sich nur ungern aufhalten;
somit kommt es
dem Leitprinzip nahe.
Das Gutsein des Wohnsitzes
gründet in der Ortswahl;

das Gutsein des Herzens
gründet in der Tiefe;
das Gutsein des Weitblicks
gründet im Naturgemäßen;
das Gutsein der Rede
gründet in der Glaubwürdigkeit.
Das Gutsein des Regierens
gründet in der Ordnung;
das Gutsein des Werks
gründet in der Begabung;
das Gutsein des Handelns
gründet in der Rechtzeitigkeit.
Aber nur durch Nicht-Streiten
kann einer frei von Tadel bleiben.

52[8]

Immer weiter zu füllen
ist nicht so gut wie aufzuhören;
eine geschärfte Spitze
kann man nicht dauerhaft erhalten;
auch wenn Gold und Jade
das Haus anfüllen,
kann keiner sie geschützt verwahren.
Die Reichen der Oberschicht,
die überheblich sind,

hinterlassen eine Erbschaft
aus Schuld;
sich nach vollbrachtem Werk
zurückzuziehen,
das ist das Leitprinzip der Natur.

53[9]

Wenn du dem schaffenden Geist
Folge leistest
und doch die Einheit umschließt –
kannst du dabei
dem Abgetrenntwerden entgehen?
Wenn du die Energie bündelst
und sie schmiegsam machst –
kannst du dabei kindlich sein?
Wenn du den Spiegel der
subtilen Wahrnehmung säuberst –
kannst du ihn wohl lupenrein machen?
Wenn du für das Volk sorgst
und das Gemeinwesen regierst –
kannst du das ohne Gewitztheit tun?
Während die Pforten der Natur
sich öffnen und schließen –
kannst du da
ein Empfangender sein?

Während das klare Verstehen
  überallhin reicht –
  kannst du da einfältig bleiben?
Schaffen und zur Entfaltung bringen,
  schaffen ohne Besitzanspruch,
  unterstützen ohne herrisches Gebaren;
  das nennt man
    unaufdringliche Wirkkraft.

54[10]

Dreißig Speichen, ein
    und dieselbe Nabe;
  dort, wo sich nichts befindet,
  liegt die Brauchbarkeit des Rades.
Man verarbeitet Ton zu einem Gefäß;
  dort, wo sich nichts befindet,
  liegt die Brauchbarkeit des Tongefäßes.
Man bricht Türen und Fenster heraus;
  an den Stellen, wo sich nichts befindet,
  liegt es, daß das Zimmer
    brauchbar ist.
Also erwächst einem Gewinn
    durch Vorhandenes
  und Brauchbarkeit
    durch Nicht-Vorhandenes.

55[11]

Farben machen die Augen
der Menschen blind,
Rennen und Jagen
machen den Sinn der Menschen toll.
Schwer zu erwerbende Güter
machen das Verhalten
der Menschen sprunghaft,
Gewürze machen den Gaumen
der Menschen stumpf,
Töne machen die Ohren
der Menschen taub.
Darum sorgen die regierenden Weisen
für den Bauch[20],
nicht für das Auge:
Sie lassen das letztere
und wählen das erstere. 56[12]

Gunst und Ungnade bestürzen dich;
hoher Rang plagt
deine Person außerordentlich.
Was bedeutet der Ausspruch
»Gunst und Ungnade bestürzen dich«?
Gunst ist das Minderwertige:
Gewinne sie, und du bist bestürzt;
verliere sie, und du bist bestürzt.

Das bedeutet »Gunst und Ungnade
bestürzen dich«.
Was bedeutet der Ausspruch
»Hoher Rang plagt deine Person
außerordentlich«?
Der Grund, weshalb wir so viel
Mühe haben,
ist, daß wir so person-verhaftet sind;
wären wir der Person ledig,
welche Schwierigkeiten
sollten wir haben?
Wie kann man also die Welt
demjenigen anvertrauen,
der zu seinem eigenen
persönlichen Nutzen
für die Welt zu arbeiten hofft?
Wie kann man die Welt
demjenigen anvertrauen,
der aus seinen eigenen
persönlichen Beweggründen
für die Welt
arbeiten möchte? 57[13]

Was unsichtbar ist, wenn du schaust,
nennt man subtil.

Was unhörbar ist, wenn du lauschst,
nennt man verfeinert.
Was ungreifbar ist für den Tastsinn,
nennt man ewiglich beständig.
Diese drei sind nicht ermeßbar,
drum werden sie
zu Einem verbunden.
Das Eine ist nach oben hin nicht verworren
und nach unten hin nicht undeutlich;
als ganzheitlicher,
durchgängiger Zusammenhang
läßt es sich mit keinem Namen
bezeichnen
und fällt wieder zurück
in Nicht-Dinglichkeit.
Dies nennt man
den gestaltlosen Zustand,
das Abbild des Nicht-Dinglichen.
Dies nennt man schemenhaft-unbestimmt:
Auch wenn du ihm
mit den Augen folgst,
kannst du nicht seinen Rücken sehen;
auch wenn du dich aufmachst,
ihm entgegenzugehen,
kannst du nicht seinen Kopf sehen.

Halte am Leitprinzip von heute fest,
um zu steuern, was es heute gibt,
und so den immerwährenden Ursprung
zu kennen;
dies nennt man das Richtmaß
des leitenden Prinzips. 58[14]

Jene, die vorzeiten das Leitprinzip
trefflich anwendeten,
waren subtil, geheimnisvoll,
im Besitz unerklärlicher Meisterschaft,
so tief, daß sie unergründlich waren.
Nur wegen ihrer Unergründlichkeit
waren sie mächtig.
Um sie zu beschreiben, würde ich sagen:
Sie waren zögerlich –
so, als überquerten sie einen Fluß
im Winter;
sie waren vorsichtig –
so, als hüteten sie sich vor jeglichem
in ihrer Umgebung;
sie waren würdevoll –
so, als wären sie Gäste;
sie waren ohne starre Abgrenzung –
wie sich ausbreitende Feuchtigkeit;

sie waren einfach –
wie unbehauenes Holz;
sie waren undurchdringlich –
wie schlammgetrübtes Wasser;
sie waren weit offen –
wie gewaltige Täler.
Wenn die Dinge trübe sind,
dann komm zur Ruhe,
und sie werden sich allmählich klären;
mache weiter,
und die Schwungkraft
baut sich allmählich auf.
Wer dieses Leitprinzip bewahrt,
will keine Übersättigung;
so kann er sich der Dinge
bis aufs Letzte bedienen,
ohne sie dauernd herzustellen. 59[15]

Offensein zu erlangen
ist der Gipfel,
Stille zu wahren
ist das Beherrschen:
Während alle Wesen zusammenwirken,
bediene ich mich jener, um die Rückkehr
eines jeglichen mit anzusehen.

Denn von den Wesen,
in ihrer ganzen Vielfalt,
kehrt jedes einzelne zurück.
Sich wieder zur Wurzel zu wenden
wird Stille genannt –
ebendiese nennt man die Rückkehr
zum Leben.
Die Rückkehr zum Leben
ist immerwährend;
das Immerwährende zu kennen
ist Erleuchtung.
Das Immerwährende nicht zu kennen
ist Verwirrung;
die Verwirrten richten Schaden an.
Kenne das Immerwährende,
und du bist aufgeschlossen;
Aufgeschlossenheit
ist unparteiische Gerechtigkeit,
unparteiische Gerechtigkeit
ist der höchste Adel,
der höchste Adel ist die Natur selbst.
Die Natur ist das Leitprinzip;
das Leitprinzip ist ewig,
dein ganzes Leben lang
erschöpft es sich nie. 60[16]

Von großen Herrschern weiß man nur,
    daß es sie gibt,
  die nächstbesseren preist man
    voller Zuneigung;
  die nächsten nach diesen
    fürchtet man,
  die niedrigsten hingegen
    verachtet man,
  weil man ihnen nicht genügend traut.
Wenn sich Mißtrauen breitmacht,
  dann kommt das
    von dem hohen Wert her,
  den man dem Reden beimißt.
Beim Bewältigen von Arbeit,
  beim Betreiben der Geschäfte
  glauben die Durchschnittsmenschen alle,
  daß dies ohne jemandes Zutun geschieht.

61[17]

Folglich kommt es so[21]:
Wenn das allumfassende Leitprinzip
    aufgegeben wird,
  gibt es »Menschlichkeit« und »Pflicht«.
Wenn das Wissen hervortritt,
  gibt es große Künstlichkeit.

Wenn die Verwandten
nicht im Einklang sind,
gibt es »Gehorsam« und
»gütige Zuwendung«.
Wenn ein Staat zerrüttet
und verwirrt ist,
gibt es »treue Minister«. 62[18]

Verwirf den guten Ruf
und gib die Anerkennung auf,
und das Volk wird daraus
hundertfachen Nutzen ziehen.
Verwirf die »Menschenfreundlichkeit«
und gib die »Pflicht« auf,
und das Volk kehrt zu Gehorsam
und gütiger Zuwendung zurück.
Verwirf die Gewitztheit
und gib die Profitmacherei auf,
und Diebe und Räuber werden
verschwinden.
Auch diese drei Aussprüche
sind einem Mangel in der Kultur
zuzuschreiben;
eben darauf muß man
sie beziehen.

Indem du das Grundlegende erfaßt:
Mach dir die Einfachheit zu eigen,
verringere die Selbstsucht,
und beschränke die Begehrlichkeiten
auf ein Mindestmaß. 63[19]

Auch ohne schulmäßige Gelehrsamkeit
gibt es keinerlei Schwierigkeiten:
Wie weit liegen »Hallo!« und »He!«
auseinander?
Wie weit liegen Neigung
und Abneigung auseinander?
Wer von anderen gefürchtet wird,
kann nicht umhin, andere zu fürchten;
was für eine
schändliche Unausgeglichenheit!
Die meisten Menschen gebärden sich
ausgelassen,
wie wenn sie gemeinsam Fleisch
im Freien braten
und zur Frühlingszeit
Sehenswürdigkeiten besichtigen.
Ich bin still und gebe kein Zeichen von mir,
wie ein Kleinkind, das noch nicht lächelt,
verhalten, als gehörte ich nirgendwohin.

Die meisten Menschen haben mehr,
als nötig ist;
ich habe das Herz eines Tölpels,
ohne vielschichtige Bildung, unbedarft.
Die meisten Menschen sind hell;
ich allein bin nebelhaft.
Die meisten Menschen sind vorwitzig;
ich allein bin zurückhaltend,
unauslotbar wie der Ozean,
mit einer grenzenlosen Weite.
Die meisten Menschen
haben Beweggründe;
ich allein stehe an der Pforte
zum Möglichen,
und nichts ist da,
um mir eine Erniedrigung zuzufügen:
Mein Begehren ist einzigartig,
von dem der anderen verschieden;
ich schätze es, mich aus dem Urquell
zu ernähren. 64[20]

Das Befähigtsein zu großer Wirkkraft
folgt allein dem leitenden Prinzip.
Im Konkreten ist das Leitprinzip
unbestimmbar,

aber obwohl es unbestimmbar ist,
sind Bilder in ihm;
obwohl es unbestimmbar ist,
ist Dingliches an ihm.
Geheimnisvoll und undurchdringlich,
ist Lebenskraft in ihm;
diese Lebenskraft
ist überaus wirklich,
sie birgt Wahres in sich.
Von nun an und immerdar
nennt man es nicht-weichend,
weil es sich allen Anfängen anschließt.
Woher weiß ich,
daß alle Anfänge so sind?
Daher. 65[21]

Der Aufgeblasene hat keinen festen Stand;
wer auf sich selbst schaut,
ist nicht glanzvoll,
wer sich selbst sieht,
ist nicht erleuchtet.
Der Anmaßende hat keinen Erfolg,
der Eingebildete wird nicht stärker.
Im Kurs des Lebens
nennt man das übermäßigen Verzehr

und übertriebenes Betragen;
dergleichen erregt wohl
allgemeines Mißfallen,
drum sollte, wer Begehrlichkeiten hat,
nicht dabei verweilen. 66[24]

Gehe indirekt vor – wegen der Sicherheit,
sei umständlich – wegen der Richtigkeit.
Wenn du niedergedrückt bist,
wirst du aufgefüllt werden,
wenn du erschöpft bist,
wirst du erneuert werden.
Weniger ist Gewinn, Mehr ist Verwirrung;
beim Ausüben des Herrscheramts
über die Welt
halten sich weise Regenten daher
an die Einheit:
Sie schauen nicht auf sich selbst,
drum sind sie herausragend;
sie sehen sich nicht selbst,
drum sind sie erleuchtet.
Sie sind nicht anmaßend,
drum haben sie Erfolg;
sie sind nicht eingebildet,
drum können sie stärker werden.

Bloß weil sie nicht streiten,
kann keiner mit ihnen streiten.
Die uralte Redensart:
»Gehe indirekt vor –
wegen der Sicherheit«
ist wahrlich ein subtiler Ausspruch –
um nichts anderes geht es
bei der Lauterkeit. 67[22]

Wenig zu reden ist naturgemäß;
ein Sturm währt nicht
den ganzen Morgen,
ein Wolkenbruch währt nicht
den ganzen Tag.
Wer macht dies?
Himmel und Erde.
Und selbst sie können es nicht
dauernd aufrechterhalten;
wieviel weniger
kann das der Mensch!
Darum: Wer sich
mit dem Leitprinzip beschäftigt,
stimmt ganz mit dem Leitprinzip überein;
der Wirkungsvolle stimmt ganz
mit der Wirkkraft überein,

der Verlierer stimmt ganz
mit dem Verlieren überein.
Wer mit der Wirkkraft
ganz übereinstimmt,
wird auch durch das Leitprinzip belohnt,
wer hingegen mit dem Verlieren
ganz übereinstimmt,
ist auch für das Leitprinzip verloren.

68[23]

Es gibt ein Etwas,
ein in sich Ununterschiedenes,
früher als der Ursprung
von Himmel und Erde;
unerreichbar,
in völligem Schweigen verharrend,
unabhängig und unveränderlich.
Als den Mutterboden des Alls
kann man es betrachten.
Ich weiß seinen Namen nicht;
ich geb' ihm den Titel
»das leitende Prinzip«.
Ich muß es unbedingt groß nennen,
und zwar im Hinblick
auf seine Reichweite –

Reichweite im Sinne
ausgedehntester Anwendung,
ausgedehntester Anwendung,
die zu den Grundlagen zurückkehrt.
Das Leitprinzip ist entscheidend,
die geistige Atmosphäre ist entscheidend,
die materielle Umwelt ist entscheidend,
und die Führerschaft ist entscheidend.
Im Gemeinwesen gibt es
vier entscheidende Dinge,
und die Führerschaft ist eines davon.
Die Menschen werden
durch die materielle Umwelt geprägt,
die materielle Umwelt wird durch
die geistige Atmosphäre geprägt,
die geistige Atmosphäre wird durch
das Leitprinzip geprägt,
das Leitprinzip wird durch
die ihm eigene Anpassungsfähigkeit
geprägt. 69[25]

Das Schwernehmen ist die Wurzel
des Leichtnehmens,
die Ruhe ist der Herr der Unrast;
hierdurch können gereifte Menschen

den ganzen Tag lang reisen,
ohne sich von ihrer Ausrüstung
zu trennen.
Selbst wenn sie ein hohes Amt bekleiden
und einen festen Wohnsitz haben,
bleiben sie für sich.
Was soll man anfangen
mit mächtigen Monarchen,
die ausschließlich um ihrer selbst willen
die Welt leichtnehmen?
Durch Leichtnehmen
verlieren sie die Wurzel;
durch Unrast
verlieren sie die Oberherrschaft.

70[26]

Ein geschickter Reisender
hinterläßt keine Spuren,
ein geschickter Redner
spricht ohne Fehler,
ein geschickter Rechner
braucht keine Merkstäbchen.
Was geschickt verschlossen ist,
hat kein Schloß,
doch kann man es nicht öffnen.

Was geschickt geknüpft ist,
kommt ganz ohne knüpfendes Seil aus,
doch kann man es
nicht aufknoten.
Darum leisten Weise
den Menschen stets geschickt Beistand
und lassen die Menschen niemals fallen
und lassen niemals fallen,
was an den Dingen von Nutzen ist;
dies nennt man Vergrößerung
der Erleuchtung.
Darum sind gute Menschen
Lehrer der Guten,
und Menschen, die nicht gut sind,
bilden den Rohstoff[22] für die Guten.
Schätzt du die Lehrer nicht
und liegt dir nichts an dem Rohstoff,
dann magst du zwar kenntnisreich sein,
gehst aber trotzdem gröblich in die Irre;
dies nennt man eine wesentliche Feinheit.

71[27]

Kenne das Männliche,
und bewahre dabei das Weibliche;
sei empfänglich für die Welt,

und stetige Wirkkraft bleibt übrig –
zur Einfalt kehrt sie wieder zurück.
Kenne das Reine,
bewahre dabei das Verwerfliche;
sei immer offen für die Welt,
und stetige Wirkkraft
wird genügen –
zur Einfachheit kehrt sie
wieder zurück.
Kenne das Weiße,
bewahre dabei das Schwarze,
als ein Grundmuster für die Welt,
und stetige Wirkkraft
wird nicht entschwinden –
ins Schrankenlose
kehrt sie wieder zurück.
Wenn ein Ganzes verschiedengestaltig
aufgegliedert wird,
ergeben sich gesonderte Tätigkeiten;
wenn Weise in Dienst genommen werden,
so werden sie
zu Beamten und Führern.
Im Gesamtgefüge aber
gibt es nichts Spaltendes. 72[28]

Generäle wollen die Welt in Besitz nehmen
  und versuchen das auch ernstlich;
  in meinen Augen können sie es nicht.
Denn die Welt ist ein subtiles Gebilde,
  nicht etwas, an dem man
    sich versuchen kann.
Wer sich daran versucht, ruiniert sie;
  wer sie ergreift, verliert sie.
Die Dinge –
  bald gehen sie, bald folgen sie,
  bald erhitzen sie sich, bald zerbrechen sie,
  bald weiten sie sich aus,
    und bald stürzen sie ein;
  drum meidet der Weise das Übertriebene,
  meidet das Großartige,
  meidet das Ausgefallene. 73[29]

Wer Menschenführern
    mit dem Leitprinzip beisteht,
  erzwingt von der Welt nichts
    mit Waffengewalt,
  denn diese schlägt leicht
    auf einen selber zurück –
  wo Heere lagern,
    wächst Dornengestrüpp.

Der Sachkundige hat Erfolg,
nichts weiter;
er benutzt ihn nicht dazu,
die Macht an sich zu reißen.
Er hat Erfolg, ohne anmaßend zu sein,
er hat Erfolg, ohne eingebildet zu sein,
er hat Erfolg, ohne stolz zu sein,
er hat Erfolg, weil ihm
keine andere Wahl bleibt.
Darin zu verharren
nennt man:
erfolgreich wirken
ohne Zwangsausübung.
Wenn Wesen den Höchststand
der Stärke erreichen,
altern sie; das nennt man:
ohne Leitprinzip sein.
Die ohne Leitprinzip sind, sterben früh.

74[30]

Waffen sind
ein unheilvolles Handwerkszeug;
sie sind wohl allgemein verhaßt,
drum wird, wer etwas will,
nicht bei ihnen verweilen.

Daheim achten gereifte Menschen
besonders die Linke;
im Krieg achten sie besonders die Rechte;
drum sind Waffen nicht
das Handwerkszeug
gereifter Menschen.
Waffen sind unglücksträchtige Hilfsmittel;
man sollte sie nur benutzen,
wenn es unvermeidlich ist,
und am besten Abstand wahren
und das Kriegführen
nicht verherrlichen.
Verherrlichst du das Kriegführen,
dann macht es dir Freude,
Menschen zu töten;
macht es dir Freude, Menschen zu töten,
dann kannst du aufgrund dessen
deinen Willen in der Welt
nicht durchsetzen.
Drum erhöhen glückverheißende Anlässe
die Linke,
trauervolle Anlässe hingegen erhöhen
die Rechte;
folglich stehen die Unterbefehlshaber
zur Linken,

die obersten Generäle hingegen stehen
zur Rechten,
das heißt, ihre Plätze sind
wie bei einer Bestattung aufgeteilt.
Wenn die Getöteten zahlreich sind,
dann beweint sie voller Betrübnis;
Wenn ihr im Kriege gesiegt habt,
dann begeht das Ereignis mit Trauerriten.

75[31]

Das Leitprinzip ist stets
unbekannter Herkunft;
es ist schlicht und äußerst gering,
aber niemand in der Welt
wagt vorauszusetzen,
er könne es verwalten.
Wären Fürsten und Könige fähig,
sich nach ihm zu richten,
dann würde jeder zu ihnen
Zuflucht nehmen.
Himmel und Erde verbinden sich,
um süßen Tau herabzusenden;
ohne daß das Volk es bewirkt,
stellt sich seine Gleichheit
von selber her.

Wird mit dem ordnenden Aufbau
begonnen, dann gibt es Benennungen.
Gibt es schon einmal Benennungen,
dann sollte man wissen,
wann aufzuhören ist;
eben indem man weiß, wann aufzuhören ist,
entgeht man dem Gefährdetsein.
Das Walten des Leitprinzips in der Welt
gleicht dem des kleinen Bergbachs,
der Flüsse und Meere nährt. 76[32]

Wer andere kennt, ist klug;
wer sich selbst kennt, ist erleuchtet.
Wer andere überwindet, hat Kraft;
wer sich selbst überwindet, ist stark.
Wer zufrieden ist, ist reich;
wer mit Stärke vorgeht, hat Willen.
Wer seinen Platz nicht verliert, währt fort;
wer stirbt, aber nicht vergessen wird,
ist unsterblich. 77[33]

Das Leitprinzip ist allumfassend;
übergeordneten oder
untergeordneten Zielen
kann man es anpassen.

Hat es ein Werk vollendet
und eine Aufgabe erledigt,
dann sagt niemand mehr,
es sei vorhanden.
Alle nehmen Zuflucht zu ihm,
aber es versucht nicht,
sie zu beherrschen,
so ist es stetig, ohne Begehren;
das kann man
als äußerst gering bezeichnen.
Alle nehmen Zuflucht zu ihm,
aber es versucht nicht,
sie zu beherrschen;
das kann man als großmütig bezeichnen.
Also: Der Grund,
weshalb einsichtige Menschen
imstande sind, Größe zu erringen,
ist, daß sie nichts Großes darin sehen;
das macht es ihnen möglich,
viel zu vollbringen. 78[34]

Wenn man an allumfassenden Bildern
festhält,
dauert die Welt unbeschadet weiter fort,
ihre Sicherheit und Ruhe sind groß.

Dort, wo es unterwegs Musik
und Essen gibt,
machen die Vergnügungsreisenden halt;
freilich – das vom Leitprinzip Verlautete
ist farblos und fade.
Schaut man darauf,
kann man es nicht sehen;
horcht man darauf,
kann man es nicht hören;
wendet man es an,
kann man es nicht erschöpfen. 79[35]

Wenn du etwas eingrenzen willst,
dann sieh unbedingt zu,
daß es sich ausweitet.
Wenn du etwas schwächen willst,
dann sieh unbedingt zu,
daß es stärker wird.
Wenn du etwas loswerden willst,
dann sieh unbedingt zu,
daß du dich ihm anschließt.
Wenn du etwas in deinen Besitz
bringen willst,
dann sieh unbedingt zu,
daß du es abtrittst.

Dies nennt man
subtile Erleuchtung;
das Schmiegsame und Nachgiebige
überwindet das Starke.
Den Fisch darf man nicht
dem Weihergrund entnehmen,
die wirksame Gerätschaft
eines Gemeinwesens
darf man den Leuten nicht zeigen.

80[36]

Das Leitprinzip ist stetig,
wenn auch unbestimmbar;
könnten Fürsten und Monarchen
an ihm festhalten,
würden alle Dinge
von selber sich ordnen.
Und wären sie
auch wohlgeordnet –
sollten sie inständig
zu handeln begehren,
dann besänftigte ich sie
mit unbestimmbarer Einfachheit.
Unbestimmbare Einfachheit
ist ein Mittel

zur Vermeidung von Schande.
Sei gelassen,
  indem du Schande vermeidest,
und Himmel und Erde
  kommen von sich aus
  ins Lot.

81[37]

# ANHANG

# Literaturverzeichnis


Chou Yi-mou: *Ma-wang-tui Han mu ch'u t'u Fang-chung Yang-sheng cho-tso shih-yao.* Peking, 1990.

Lung Yi-yin: *Ch'ung-k'uo k'u-t'ai hsing hsüeh hi-ch'eng.* Hongkong, 1991.

Nan Huai-chin: *Lao-tzu t'a-sho.* Taipeh, 1988.

# Zur Schreibung und Aussprache des Chinesischen

Die Wiedergabe der chinesischen Eigennamen/Ausdrücke erfolgt nach dem weitverbreiteten *Umschriftsystem von Wade-Giles.* In der nachstehenden Umschrifttabelle werden nur die Laute aufgeführt, deren deutsche Aussprache nicht aus der Schreibung ersichtlich ist.

| *Schreibung* | *Aussprache* |
|---|---|
| ai | ei (wie in: Bein) |
| ang | nasal zwischen ong und ang |
| ao | au (wie in: Traum) |
| e | unbetontes e (wie in: tobe) |

| | |
|---|---|
| ei | getrenntes e-i (wie in: Koffein) |
| eng | nasal zwischen eng und ong |
| ieh | kurzes i + ä |
| ih | dehnt den vorhergehenden Anlaut zu einem englischen r |
| ou | wie englisch ow |
| üeh | ü + kurzes ä |
| ui | u + ei |
| ch vor i, ü | dj |
| ch' vor i, ü | tj |
| ch vor a, e, o, u | dsch |
| ch' vor a, e, o, u | tsch |
| (Anlaut-) h | ch (wie in: ach) |
| hs | ch (wie in: ich) |
| j | stark stimmhaftes sch, ungefähr wie ein englisches (Anlaut-) r |

| | |
|---|---|
| p, t, k | b, d, g |
| p’, t’, k’ | p, t, k |
| sh | sch |
| ts, tz | d + stimmhaftes s |
| ts’, tz’ | tz (wie in: Sitz) |

# Anmerkungen

## ZEHN FRAGEN*

1 Der Gelbe Kaiser soll gemäß der Überlieferung im Jahre 2697 vor unserer Zeitrechnung die Herrschaft angetreten haben. Mit der Bezeichnung »himmlischer Lehrer« ist ein taoistischer Meister gemeint; später wurde sie auch als Titel für den Führer einer bestimmten taoistischen Sekte gebraucht. Wenn in diesen Texten dazu aufgefordert wird, die Energie in bestimmte Partien, wie etwa die Haut oder andere Organe, zu senden oder zu lenken, dann ist damit das Koordinieren von Atmung, Empfindung, Bewegung und Aufmerksamkeit in Übungen innerer Vergegenwärtigung oder sensibilisierter Wahrnehmung gemeint, die darauf abzielen, die Lust zu steigern und die Gesundheit zu fördern.

* Die Ziffern vor den Absätzen verweisen auf den jeweiligen (numerierten) Abschnitt im Text.

3 Das Unterbinden des Samenflusses geschieht nicht auf Dauer; es wird zeitweise praktiziert, um einen Raubbau und Verlust an sexueller Energie zu vermeiden und so die Potenz und die Fähigkeit zur Verlängerung des Aktes zu steigern. Mit dem »Wegschließen« ist vermutlich – in späteren Texten dann eindeutig – das Zusammenziehen der Muskeln gemeint, das die Ejakulation verhindern soll; das hier hervorgehobene »Überwachen« verweist jedoch vermutlich auf ein stärkeres Interesse an der Selbstkontrolle durch Achtsamkeit und Entspannung. Die Methode des intensiven Zusammenziehens der Muskeln dient auch dazu, den Aufstieg der Energie am Rückgrat entlang in Gang zu setzen – im Rahmen der bewährten taoistischen Übung der »Wiederherstellung des Gehirns«, die das orgasmische Energiepotential des Geschlechtsverkehrs verwertet; das Timing ihrer Anwendung ist jedoch problematischer, als dies Achtsamkeit und Entspannung sind, und sie kann, wie andere physische

Übungen, zu schädlichen Nebenwirkungen führen, wenn sie zu intensiv vollzogen wird. Die Tatsache, daß einerseits radikalere Methoden des »Wegschließens«, wie sie später entwickelt wurden, unerwähnt bleiben und andererseits im selben Zusammenhang die »friedliche Gelassenheit des Herzens« eindringlich empfohlen wird, läßt wohl den Schluß zu, daß sich der Text hier auf ein ausgewogenes Zusammenspiel von mentaler und muskulärer Kontrolle bezieht.

4 »Süßer Tau« bedeutet nach allgemeiner Ansicht Speichel, dem in taoistischer Hygiene und tradierter Gesundheitslehre hoher Wert beigemessen wird. Es gibt beispielsweise eine Übung, in der es darum geht, einen Mundvoll Speichel anzusammeln, ihn dann, auf drei Portionen verteilt, hinunterzuschlucken und sich dabei jedesmal den Speichel als süßen Tau oder kostbaren Heiltrank vorzustellen, der die inneren Organe badet und nährt. Mit dem Sammeln von Speichel kann auch die Bewahrung

sexueller Energie durch das peinlich genaue Befolgen der Liebestechniken gemeint sein; diese Deutung liegt nahe, wenn zugleich die Lebenskraft mit einbezogen ist.

5 Yao und Shun waren beide mythische weise Kaiser des Altertums. Yao soll hundert Jahre lang regiert haben, von 2357 bis 2257 vor unserer Zeitrechnung; Shun, der ihm auf den Thron folgte, soll von 2255 bis 2207 vor unserer Zeitrechnung regiert haben. »Bedachtsamkeit, Erziehung, Rücksichtnahme und Ernährung« faßt die Huang-Lao-Einstellung zur Sexualität treffend zusammen.

6 P'eng-tsu soll dem Volksglauben nach achthundert Jahre lang gelebt haben; sein Name wird mit den Techniken zur Langlebigkeit, insbesondere den auf Langlebigkeit ausgerichteten Sexualtechniken, in Verbindung gebracht.

7 P'an Keng war ein mythischer Stammesfürst der Vorzeit.

8 Yü war ein weiser König, der Shun auf

den Thron folgte; er soll von 2205 bis 2197 vor unserer Zeitrechnung regiert haben.

9 König Wei regierte den Staat Ch'i von 356 bis 320 vor unserer Zeitrechnung.

10 König Chao regierte den Staat Ch'in von 306 bis 251 vor unserer Zeitrechnung.

## VEREINIGEN VON YIN UND YANG

2 Die in diesem und im folgenden Traktat aufgeführten zehn Varianten des Geschlechtsverkehrs stimmen nicht ganz mit den in der späteren Überlieferung geschilderten überein, und sie sind auch nicht alle ganz klar. In der Tigervariante kauert die Frau wie ein Tiger auf Händen und Knien, den Rücken nach oben gewölbt, während der Mann auf den Knien hinter ihr kauert, die Arme um ihre Taille legt und sie von hinten penetriert. In der Zikadenvariante liegt die Frau mit ausgestreckten Beinen flach auf dem Bauch; der Mann kniet zwischen ihren Schenkeln und dringt von hinten in sie ein. Der Spannerraupenvariante liegt offenbar eine Nachahmung des wechselweisen Streckens und Abknickens der Spannerraupe zugrunde. In der Variante »Der mit dem Geweih tastende Hirsch« sitzt der Mann

mit gestreckten Beinen da, während die Frau auf seinen Schenkeln sitzt, den Rücken seiner Brust zugekehrt; er hält sie um die Taille herum fest und stößt von unten herauf in sie hinein. In der Variante »Der sich streckende Phönix« liegt die Frau mit angezogenen Beinen auf dem Rücken; der Mann kniet zwischen ihren Schenkeln, stützt sich mit den Händen auf dem Bett ab und dringt tief in sie ein. In der Variante »Der kletternde Affe« sitzt der Mann mit gestreckten Beinen da, während die Frau auf seinen Schenkeln sitzt, das Gesicht ihm zugekehrt; um das Gleichgewicht zu halten, stützt er sich mit einer Hand auf dem Bett ab, mit der anderen hält er die Frau an der Gesäßbacke und dringt dabei in sie ein. Die Hasen- und die Krötenvariante bleiben unklar. In der Libellenvariante liegt die Frau mit dem Gesicht nach unten, und der Mann liegt bäuchlings auf ihr. In der Variante »Der fressende Fisch« liegt der Mann auf dem Rücken, während die Frau auf ihm kauert, um seinen Penis in sich hineinzuziehen, und zwar so, wie ein Kleinkind an der Brustwarze der Mutter saugt.

3 »Das Recken der Arme geschieht, um den oberen Genitalbereich der Frau zu stimulieren und lange Zeit weiterzumachen« – damit ist gemeint, daß die Frau die Arme ausstreckt und dabei den Oberkörper des Mannes von sich wegschiebt oder daß der Mann die Arme ausstreckt und sich dabei mit dem Oberkörper von ihr abstößt; daraus ergibt sich ein spitzerer Berührungswinkel zwischen den äußeren Geschlechtsteilen. Der hierbei ausgeübte Druck verstärkt nicht nur die Lust der Frau durch die größere Stimulierung der gesamten Schamgegend, sondern hilft auch dem Mann, sich zu beherrschen. Auch die in dieser Stellung verstärkte Muskeltätigkeit unterstützt die Kontrolle von seiten des Mannes und macht es folglich leichter, »lange Zeit weiterzumachen«.

»Das Ineinander-Verschränken der Schenkel geschieht, wenn die Penetrierung zu tief ist«, um das Ausmaß der

Penetration zu begrenzen. Wenn die Frau einen deutlich vorstehenden oder hoch liegenden Schamberg hat, dann kann sie die eigenen Schenkel verschränken, um diesen Effekt zu erzielen. Wenn der Schamberg der Frau nicht vorsteht oder, im Vergleich zum Oberschenkelansatz am Rumpf, weiter unten liegt, läßt sich die Penetration bequemer begrenzen, wenn die Frau die Beine um die Waden des Mannes legt, ohne die Schenkel übermäßig zu spreizen. In beiden Fällen geht es um denselben Effekt: den Reiz am Schamberg der Frau, an den Schamlippen und dem Scheideneingang zu konzentrieren.

Beim »waagrechten Wippen« können der Mann und die Frau während des Koitus ausgestreckt Schenkel an Schenkel liegen, die Beine nur leicht gespreizt, und sich in sanften Stößen oder »wippend« gegeneinander bewegen; oder der Mann kann sich über der Frau in Schwebe bringen, indem er sich auf die Ellbogen und Zehen abstützt und seinen Körper wie eine leicht »wippende« Stahlfeder einsetzt, und zwar so, daß der Schamberg, bei fortwährender oberflächlicher Penetration, durch eine massierende Bewegung wiederholt gereizt wird.

5 »Vollendung« bedeutet hier einen weiblichen Höhepunkt, aber keinen männlichen Orgasmus; jeder Höhepunkt, d. h. jede Vollendung, umfaßt einen vollständigen Liebesakt, wohingegen der Orgasmus des Mannes für den »endgültigen Abschluß« aufgespart wird.

## GESPRÄCH ÜBER DAS HÖCHSTE WELTERHALTENDE LEITPRINZIP

1 »Der Geist der Linken« war offensichtlich der Titel für einen an einem Königshof beschäftigten Schamanen.

# Anmerkungen zur deutschen Übersetzung

1 Siehe dazu Anm. 5.

2 Siehe dazu Anm. 9.

3 Das chines. Substantiv »te«, hier mit »(die) Wirkkraft« wiedergegeben, wird von Cleary in den *Unterweisungen* durchgängig mit »effectiveness« übersetzt; im Deutschen gebräuchlich sind sonst »Kraft« oder »Tugend«. »(Die) Wirkkraft« ist die direkte oder indirekte Auswirkung der Tao-Befolgung in den jeweiligen konkreten Verhaltens- bzw. Realitätsbereichen. –

Das chinesische Substantiv »ching« (dt.: »kanonische Bücher«, »Klassiker« oder auch »sanktionierte Lehre«; wörtl. Bedeutung: »Kette eines Gewebes« oder »Kettenfaden«) wird von Cleary mit

»course(s)« übersetzt und hier mit »Unterweisung(en)« wiedergegeben.

4 Das chinesisches Substantiv »tao« – das gleichnamige Verb wäre mit »(aus)sprechen/formulieren« bzw. »(an)leiten/lenken« wiederzugeben – übersetzt Cleary in den *Unterweisungen* durchgängig mit »guidance«, wörtl. Leitung, Orientierung, Führung. Er gibt ihm also nicht (durch Großschreibung) den auch im Deutschen gebräuchlichen Namen einer mythischen Instanz oder transzendenten Größe: »the *Way*« (»der *Weg*«) bzw. »the *Tao*« (»das *Tao*«), sondern er verwendet es als Funktionsumschreibung für einen verhaltensorientierenden Diskurs- oder Redetyp, der ein bestimmtes »tao«, d.h. eine leitende Doktrin oder pragmatische Grundorientierung vermittelt, durch die wiederum ein bestimmtes »tao«, nämlich die »Vorgehensweise«/»Methode«/der »Weg« des handelnden einzelnen bzw. Kollektivs, gelenkt wird. Die beiden Klassiker des philosophischen Taoismus (das *Tao-te-ching* und das *Chuang-tzu*)

entwerfen also auf sprach- und philosophiekritischer Ebene Gegenmodelle zu den herrschenden »taos« ihrer Zeit. Diesen Gegenmodellen liegt freilich die Konzeption eines die Sprache transzendierenden Ganzheits- und Ordnungsprinzips zugrunde, das nicht der philosophischen Überlieferung angehört, sondern aus Kult und Ritus, Kosmologie und tradiertem Wissen, Folklore und Dichtung stammt. Man könnte es auch als »unumschriebene Macht« (Marcel Granet) charakterisieren. Aus diesen Gründen wird »guidance« hier mit »leitendes Prinzip« bzw. »Leitprinzip« wiedergegeben.

5 Dieser Sammeltext, der in seinen z. T. heterogenen Spruchsequenzen einerseits zeitgenössisch-philosophisches Denken und andererseits ältestes, schamanistisches Geheimwissen formuliert und sie zu einem komplexen, subtil stimmigen Ganzen kompiliert, entstand in seiner weltberühmten Standardversion etwa Mitte bis Ende des vierten vorchristl. Jhdts. unter dem Titel *Lao-tzu*, d. h. unter

dem Namen seines legendären Verfassers, des historisch schwer greifbaren Lao-tzu, der der Überlieferung nach ein Zeitgenosse des Konfuzius (6. Jhdt. v. Chr.!) gewesen sein soll. Den Titel *Tao-te-ching* trägt das Textkonvolut erst seit der Han-Zeit (3. Jhdt. n. Chr.). – Den Standardtext des *Tao-te-ching* und eine Auswahl aus *Chuang-tzu* bietet z. B. der Band *TAO* (Lao-tzu: *Tao-te-king*/Chuang-tzu: *Innere Lehren*), »Reihe Spirituelle Wege«, Knaur, München 1994.

6 »Yin« bezeichnete in seinem ursprünglichen Kontext die schattige Nordseite eines Hügels, assoziiert mit den Hauptqualitäten Kühle, Dunkelheit, Feuchtigkeit, Ruhe, Empfänglichkeit, Abnahme, Innerlichkeit; »Yang« bezeichnete, komplementär dazu, die sonnige Südseite des Hügels, assoziiert mit den Hauptqualitäten Wärme, Helle, Trockenheit, Erregung, Bewegung, Zunahme, Außengerichtetheit. Als sich gegenseitig bedingende, ineinander verwandelnde Kategorien des universellen Weiblichen (des Prinzips

»Erde«) und des universellen Männlichen (des Prinzips »Himmel«) dienen sie in chinesischer Philosophie, Literatur, Esoterik und Medizin dazu, die dynamische Beziehung der »Zehntausend Dinge« deutend zu erfassen bzw. als eine Art »kosmischen Rhythmus« zu beschreiben. Innerhalb dieses Denkansatzes werden alle existierenden Gegebenheiten in Natur und Gesellschaft als in Wechsel-(Wandlungs-)Beziehung zueinander gedacht: Das Einzelphänomen kann nicht von der Dynamik des Ganzen isoliert werden; diese ist vielmehr in ihm selbst wirksam – als die Dynamik des in ihm, wie in Natur und Gesellschaft, wirkenden Zusammenspiels von Yin- und Yang-Aspekt. – Yin und Yang hängen im chinesischen Denken von Urbeginn an engstens mit der Konzeption des Tao zusammen. Dieses spielt die Rolle einer höchsten Kategorie, die die Korrelation von Ying und Yang reguliert. Vgl. auch Anm. 4.

7 Chines.: »tao«, von Cleary in *Zehn Fra-*

*gen* mit dem gebräuchlichen »the (Great) Way« übersetzt. Siehe auch Anm. 4.

8 Siehe Anm. 7.

9 Mit »Leitprinzip« ist auch hier das Tao gemeint; der ideale Herrscher verkörpert es und bringt es in/dank seiner Praxis, gerade auch der sexuellen, zur welterhaltenden und -ordnenden Wirkung.

10 Moxibustion (Moxaverbrennung) ist ein klassisches, bis heute gebräuchliches Verfahren der chinesischen Medizin: Bestimmte (unter der Haut liegende) Reizpunkte werden mit einer Heilsubstanz, z. B. Beifuß, stimuliert, die in einem kleinen Brennkegel aus leicht verglimmendem Stoff (Moxa) auf der Haut verbrannt wird.

11 Siehe Anm. 3.

12 Die Ziffern bezeichnen, der Übersichtlichkeit halber, das jeweilige Kapitel der *Unterweisungen* (und in eckigen Klammern, zum möglichen Textvergleich, die entsprechende Kapitelnummer des fünfhundert Jahre jüngeren *Tao-te-ching*-Standardtextes). In den *Ma-wang-tui-*

Manuskripten und ebenso in Clearys Übersetzung fehlt eine solche Kapiteleinteilung.

13 Chines.: »t'ien«, der »Himmel« (die »Natur«) im ethischen und kosmologischen Sinne, d. h. die die soziale/politische Ordnung überwölbende nicht-menschliche, »himmlische» Ordnung, die mit der Menschenordnung unauflöslich korreliert ist. Das effektive und störungsfreie Funktionieren und Zusammenstimmen beider Bereiche zu gewährleisten und zu sichern obliegt dem idealen Herrscher; daher trägt auch das inthronisierte Staatsoberhaupt den Titel »Sohn des Himmels«.

14 Gemeint sind hier Yin und Yang. Vgl. Anm. 6.

15 Die »dreizehn Begleiter« werden schon in der ältesten Überlieferungsschicht des *Tao-te-ching* als die vier Extremitäten und die neun Körperöffnungen gedeutet.

16 Gemeint ist das »Mit-sich-Geizen«, d. h. der bewußte Verzicht auf sich aktiv einmischende, handlungsorientierte Selbst-

verausgabung und Selbstentäußerung. Vgl. auch Kap. 22[59].

17 Kap. 33[68] setzt die Ausführungen von Kap 32[67] unmittelbar fort – mit der taoistischen Grundeinstellung im militärischen Bereich.

18 Siehe Anm. 4.

19 Gemeint sind Hundeattrappen aus Stroh, die bei rituellen Opferungen verbrannt wurden.

20 D. h., die dem Leitprinzip verpflichteten Herrscher sorgen für die elementare, lebensnotwendige Bedürfnisbefriedigung (und für die Einschränkung äußerer »Reizüberflutung«).

21 Thematischer und argumentativer Anschluß an Kap. 61[17].

22 D. h. die Lehrmittel oder das Anschauungsmaterial.